KB206463

法寶
壇經

六祖 혜능대사의

법보단경

六祖 혜능대사의
법보단경

1판 1쇄 펴낸 날 2015년 9월 14일

옮긴이 이경석 **발행인** 김재경 **기획·편집** 김성우 **교정·교열** 이유경 **디자인** 최정근
마케팅 권태형 **인쇄** 해인프린팅

펴낸곳 도서출판 비움과소통 서울시 구로구 구로동로 206, 1층 **전화** (02)2632-8739
팩스 0505-115-2068 **이메일** buddhapia5@daum.net **트위터** @kjk5555 **페이스북 ID** 김성우
홈페이지 http://blog.daum.net/kudoyukjung **출판등록** 2010년 6월 18일 제318-2010-000092호

ⓒ 이경석, 2015
ISBN : 978-89-97188-82-6 03220

壇法
經寶

六祖 혜능대사의

법보단경

옮긴이 이경석

體는 相에 應하여 用하는 것이라!

1. 오래전부터 스승이신 무설 일묵선사께서 공부인들을 위한 지침서로서 육조 혜능대사의 法寶壇經을 새롭게 번역하여 출간할 것을 말씀하셨던 차에,

2. 제가 아는 것이 일천하고 근기 미열하나 스승의 분부하심이 지엄한지라 일하면서 틈틈이 시간을 내어 번역하기를 오랜 시간을 들인 끝에 지금에야 비로소 탈고 할 수 있게 되었습니다.

3. 육조 혜능대사의 설하신 법에 대한 말씀이 한 구절 한 구절 그대로 分明하고 明確한 것이기에 그 뜻을 훼손치 않으려 하였고,

4. 古筠 德異스님께서 평생을 노력 끝에 엮으신 이른바 '덕이본'을 기초로 한글로 번역하면서 공부하는 사람들이 좀더 쉽게 읽을 수 있도록 구성하였습니다.

5. 육조스님의 법보단경은 고려시대 보조 지눌대사께서도 평생을 공부의 지침으로 삼으신 귀한 책이며, 많은 사람들의 수행 지침서로서 오랜 세월을 전해 내려오고 있기에, 그 소중함과 훌륭함은 굳이 말이 더 필요치 않다고 할 것입니다.

6. 현재 '보리달마선원장'이며 경허 만공 혜암선사의 법제자이신 無說 一默 선사의 감수를 거쳐 오늘 이렇듯 책이 출간하게 되기까지 힘써주신 비움과소통의 김재경 대표, 이유경 편집실장님을 비롯하여 관심과 격려를 해주신 많은 분들께 감사의 말씀을 드립니다.

7. 活用하시되 文字에는 無着 無住하시길 바라오며, 부족한 점 마음에 들지 않는 뜻풀이가 있으시더라도 부디 善解하시어 각자 공부하심에 害가 없기만을 바랄 뿐입니다.

2015. 08. 07.
인사동 보리달마선원에서 法山 李庚錫

三十三祖慧能大師

육조대사의 보임(保任) 수행처인 중국 광동성(廣東城) 신흥현(新興縣) 동화산(東華山)에 소재한 동굴법당 모습.

무상보리는 모름지기 말이 떨어지자 바로
제 본 마음을 알고

자신의 본 성품이 나지도 죽지도 않음을 보아,
언제나 생각생각에 스스로 보되
모든 것(萬法)에 걸림이 없으리니,
하나가 참되면 모두 다 참되어 모든 경계(萬境)가
스스로 그냥 그대로(如如)이며,
그냥 그대로인 마음(如如之心)이 곧 진실한 것이니,
만약 이렇게 본다면 곧 이것이 무상보리(無上菩提)의
제 성품(自性)이니라.

행유품(行由品)

그때 大師께서 보림(寶林寺)에 이르시니, 소주자사(韶州刺史) 위거(韋璩)가 그 관료(官僚)들과 함께 산에 올라와서 뵙고, 대사를 성중 대범사(大梵寺) 강당으로 모신 후, 대중을 위하여 마하반야바라밀법(摩訶般若波羅蜜法)을 설하여 주실 것을 청하였다.

大師께서 자리에 오르시자, 자사관료(刺史官僚) 삼십여명과 유종학사(儒宗學士) 삼십여명 및 승니도속(僧尼道俗) 일천여명이 함께 절하면서 법문(法要) 듣기를 원하였다.

대사께서 대중에 고하여 말씀하시기를

『선지식(善知識)이여! 마음을 맑게 하여 마하반야바라밀을 염(念)하라.』이르신 후,

양구(良久, 잠시 동안 말없이 잠잠히 있음)하시고는

다시 대중들에게 이르시되

『선지식(善知識)이여! 보리(菩提)의 제 성품(自性)이 본래 청정(淸淨)하니, 다만 이 마음만 바로 쓰면 부처가 되리라』
菩提自性 本來淸淨 但用此心 直了成佛.

선지식이여!

나 혜능(慧能)이 행장과 법을 얻은 연유를 잘 들어보라.

내 선친께서는 본관이 범양(范陽)이신데, 영남(嶺南)으로 낙향하여 신주 백성(新州百姓)이 되셨는데, 이 몸이 불행하여 부친께서 일찍 돌아가시고 노모를 홀로 모시어 남해(南海)로 이사하여, 가난한 살림을 어렵게 장작을 팔아 유지해 나가는 형편이었다.

내가 하루는 나무를 팔아 객점(客店)에 부려주고 나오던 중 어느 객이

경(經)을 읽는 것을 보다가, '응무소주이생기심(應無所住而生其心)'이라는 구절을 듣고는 마음이 열리면서 깨달음을 얻은 바(心卽開悟),

그 객에게 묻기를 「지금 읽으시는 것이 무슨 경이옵니까?」하니 그 객의 대답이 「금강경(金剛經)일세」하였다.

다시 묻기를 「어디서 그런 경을 구하여 지니고 계신지요?」하니,

자신은 기주(蘄州) 황매현(黃梅縣) 동선사(東禪寺) 객인으로서 '동선사는 五祖 홍인(弘忍) 대사가 주석하시면서 교화하고 계시는데 문인(門人)이 1천명이 넘으며 그 또한 문인들 사이에서 예배하고 이 경전을 듣고 얻게 되었으며, 또 '대사께서는 금강경을 잘 수지하게 되면 바로 견성 성불을 하게 된다 하여, 승속 간에 이를 항상 권하신다'(大師常勸僧俗 但持金剛經 卽自見性 直了成佛)는 이야기를 들려주었다.

혜능이 이 말을 들은 후(能 聞說),

숙세에 인연이 있었던지라(宿昔有緣),

한 객이 은(銀) 열 냥을 내게 주면서 '노모를 살펴드리고 황매로 가서 오조를 참례하라'고 일깨워주므로

어머님의 의복과 양식(衣糧)을 마련하여 편히 계시게 살펴드리고, 황매현으로 향한 지 30여일 만에 황매에 이르러 五祖스님을 뵙고 참례하니,

五祖께서 물으시기를

「네 어디서 온 사람이며, 무엇을 구하려 하느냐?」고 하셨다.

「예, 제자는 영남 신주에 사는 백성이온데, 이렇게 멀리 와서 참례하옵는 것은 오로지 부처가 되고저 함이옵고 다른 것은 바라는 것이 없나이다」하고 대답하니,

五祖께서 다시 말씀 하시기를 「네가 영남사람이라면 서남방의 오랑캐인데 어떻게 부처가 될 수 있겠는가?」하셨다.

그래서 「사람은 비록 남과 북이 있사오나 불성은 본래 남북이 없사오므로, 제 오랑캐 몸과 화상의 몸은 같지 않사오나 불성이야 어찌 다르오리까?」했더니

五祖께서 더 말씀하려 하시다가, 옆에 여러 사람들이 모인 것을 보시고 「나가서 대중(大衆)과 함께 일이나 하여라」하셨다.

그래서 내가 다시 「화상께 여쭈옵니다. 제가 생각하기에는 **제 마음에 항상 지혜를 내어 제 성품을 여의지 않으면 곧 이것이 복밭(福田)인가 하옵는데**, 화상께서는 어떠한 일을 하라 하시는지 알지 못하겠나이다」 하고 말씀드렸더니

五祖께서 「허, 이 오랑캐의 근성이 지나치구나. 더이상 여러 말 말고 후원으로 나가 보아라」하셨다.

이에 후원(後院)으로 물러 나와서 다른 행자가 일러 주는 대로 장작 패고 방아 찧기로 **여덟 달을 지내었는데**,

五祖께서 하루는 와서 보시고

「네 견해가 가히 쓸만하다고 생각하였으나, 혹여 나쁜 사람이 너를 해칠는지 몰라서 짐짓 모른 체 하였다. 네가 이 뜻을 아느냐 모르느냐?」 하셨다.

「예, 제자도 스님의 뜻을 알았기에, 감히 스님 계신 방문 앞에도 가지 않아 다른 이가 알지 못하게 하였나이다」고 아뢰었다.

하루는 五祖께서 모든 문인들을 모으시고

「다 모이라, 내 너희들에게 이르노니, 세상사람이 나고 죽는 것보다 더 큰 일이 없거늘, 너희들은 종일토록 복전(福田)만을 구하고 생사고해(生死苦海)에서 벗어날 것을 구하려 하지 않는구나. 제 성품이 미혹한데 복이 어찌 구하여 질 것이냐?

너희들은 각기 돌아가서 스스로 지혜를 보아 제 본심의 반야성품(般若性品)을 잡아서 게송(偈頌)을 하나씩 지어 나에게 보이도록 하거라. 보아서 만일 대의(大意)를 깨달았으면 의법(衣法)을 전하여서 제六代 祖를 삼으리라.

불같이 급히 하여 지체하지 말지니 생각으로 헤아려서는 맞지 않느니라(思量卽不中用). 성품을 본 사람(見性之人)이면 이 말이 떨어지자 말아 문자에 걸림없이 바로 될 수 있으리라」하셨다.

대중이 이 분부를 받고 물러나와 서로 쑥덕거렸다.

한 사람이 「우리는 구태여 힘들이고 애써 게송을 지을 필요가 있겠는가? 신수상좌(神秀上座)가 현재 교수사(教授師)로서, 그분이 틀림없이 될 것이니 우리는 쓸데없이 맘 졸일 필요가 없다」하니 모두들 따라서 「그렇다, 어차피 우리들은 앞으로 신수 교수사를 의지하게 될 터인데 구태여 번거롭게 게송을 지을 것인가」하였다.

　신수는 여러 사람이 게송을 짓지 않는 까닭을 알고 그 마음이 흥분하고 긴장되었다.

　「여러 사람이 저렇게 나를 위하여 게송을 지어서 바치지 않는 것은 저들의 교수사인 나를 위함이니, 내 반드시 게송을 지어 화상께 올려야 할 것인데 내가 만일 게송을 못 짓는다면 무슨 꼴이 되며, 또 화상께서는 어떻게 내 견해의 깊이를 아시랴?

　그러나 내가 게송을 짓는 것이 법을 구하기 위해서라면 옳거니와 祖師가 되기 위함이라면 옳지 않아서 범부의 마음과 다를 것 없고 이는 성인의 지위를 빼앗으려는 것과 다르지 않으리라.

　이제 내가 게송을 짓지 않으면 법을 얻지 못할 것인데 큰일이다, 큰일이다.」하였다.

　그때 마침 五祖께서 뒤에 전하여 공양(供養)하게 하실 목적으로

　공봉(供奉, 職名) 노진(盧珍)을 청하여 오조당(堂) 앞에 있는 복도

16

三間 벽에다가 능가경변상(楞伽經變相, 楞伽는 南海 摩羅山 위에 있는 城의 이름으로서 神通力이 없이는 가지 못함, 부처님께서 이곳에서 능가경을 설하시었는데 능가경을 설하실 때의 光景이 능가변상이다)과 五祖 혈맥도(血脈圖)를 그리게 하시었다.

신수가 게송 짓기를 마치어 이것을 바치려고 여러 번 오조당실 앞에까지 갔으나, 마음이 황홀하고 온몸에 땀을 흘리며 그냥 돌아서기를 4일이 지나도록 열세 번이나 반복하다가 끝내 못 바치고는, 다시 생각하기를

「차라리 저 복도에 이것을 써 놓아서 화상께서 보시도록 하는 것이 좋겠다. 화상께서 보시고 만일 잘되었다 이르시면 그때 나아가서 제가 지은 것이라고 밝히면 되지만,

만일 안 되었다 하시면 그 동안 수년간을 헛되이 산중에 들어와서 남의 예배만 받아온 것이니, 앞으로 다시 무슨 도를 닦는다고 할 것인가?」하고,

그날 밤 三更(밤 11시에서 새벽 1시 사이)에 아무도 모르게 몸소 등불을 밝혀 들고 남쪽 복도 벽에 가만히 마음으로 본 바를 게송으로 써 내려갔다.

「몸은 보리 나무요 마음은 밝은 거울틀 같나니 때때로 부지런히 털고 닦아 때 끼지 않도록 하세.」

身是菩提樹 心如明鏡臺 時時勤拂拭 勿使惹塵埃

신수가 게송을 다 써놓고 가만히 자기 방으로 돌아가니 아는 이가 없었다.

신수가 다시 생각하기를

「五祖께서 내일 보시고 기뻐하시면 내가 법의 인연이 있는 것이지만, 만일 인정하지 않으시면 이는 내가 미혹하고 숙세업장(宿世業障)이 무거워 법을 얻지 못하는 것이니, 성인(聖人)의 뜻은 알기가 어려운 것이리라.」

신수가 방에 돌아와서도 다시 이런 생각으로 잠을 못 이루고 새벽이 될 때까지도 앉았다 누웠다 하면서 편안치 못하였다.

五祖께서는 '신수가 아직 문(門)안에 들어오지 못하며 자성을 보지 못했음'을 이미 알고 계셨다.

18

이튿날 새벽에 五祖께서 노 공봉(盧 供奉)을 불러서 남쪽 복도 벽에 그림을 그리려다가 문득 그 게송을 보시고 공봉에게 말씀하시기를

「멀리서 오느라 수고 많았네만, 이제는 그림이 필요 없게 되었네. 경에도, "모든 모양(相)이 다 허망한 것이다(凡所有相 皆是虛妄)" 하셨으니, 이 게송만 남겨두겠네」하시고, 문인들에게 이르시기를

「이 게송을 읽고 지니라, 이 게송대로 닦으면 악도(惡途)에 떨어지지 않고 큰 이익이 있다」하시면서 향 피워 예배하게 하고 모두 외우라 하시니, 문인들이 이것을 읽으면서 모두 기뻐하며 칭찬하였다.

五祖께서 그날 밤 三更에 가만히 신수를 당실(堂室)로 불러서 「게송은 네가 지은 것이더냐?」물으시니,

신수가 대답하기를 「실은 제가 지었사오나 감히 조사의 지위를 바라지 않나이다. 원컨대 화상께서는 자비(慈悲)로써 제게 조그마한 지혜라도 있는지를 보아주소서」하였다.

스승께서 말씀하시기를

「네가 지은 이 게송은 본성(本性)을 못 본 것이다. 겨우 문 밖에 이르렀고 문 안에는 못 들어온 것이니, 이러한 견해(見解)로는 무상보리(無上菩提)를 찾아도 찾을 수 없으리라.

무상보리는 모름지기 말이 떨어지자 바로 제 본 마음을 알고 자신의 본 성품이 나지도 죽지도 않음을 보아, 언제나 생각생각에 스스로 보되 모든 것(萬法)에 걸림이 없으리니,

하나가 참되면 모두 다 참되어 모든 경계(萬境)가 스스로 그냥 그대로(如如)이며, 그냥 그대로인 마음(如如之心)이 곧 진실한 것이라,

만약 이렇게 본다면 곧 이것이 무상보리(無上菩提)의 제 성품(自性)이니라.

너는 다시 가서 하루 이틀 동안 생각하여 다시 게송을 지어 와 내게 보이도록 하여라. 보아서 만일 너의 게송이 문에 들어왔으면 네게 의법(衣法)을 부촉하리라」五祖께서 이렇게 말씀하시니

신수가 절하고 물러나와 다시 며칠이 지났으되 게송을 못 지으니, 마음은 황홀하고 생각은 불안하여 마치 꿈속에 있는 듯 그 지냄이 편치

않았다.

 그때 한 동자가 그 게송을 외우면서 방앗간 앞을 지나는데, 나 혜능은 비록 가르침은 받지 못하였으나 이미 대의(大意)는 짐작하는 터였으므로, 그 게송을 들으니 이는 견성한 사람의 글이 아님을 바로 알 수 있었다. 그래서 그 동자에게 「외우는 것이 무슨 게송인가?」하고 물으니

 동자가 「너, 이 오랑캐야, 알지 못하는구나.」하면서 '五祖대사께서 세상 사람에게는 생사문제가 큰일이라는 말씀과 함께 의법을 전하시고자 문인들에게 게송을 지어 보이라 하시었고 만약 게송을 보아 대의를 깨친 사람이 있다면 의법을 부촉하여 6대조를 삼을 것이라는 분부가 있으셨기에, 신수 상좌(上座)가 이 무상게(無相偈)를 지어서 남쪽 복도에 써놓은 것을 五祖께서 보시고 모두들 외우라 하시면서 이 게송대로 닦으면 악도에 떨어짐을 면할 수 있다고 말씀하셨다' 는 말을 하였다.

 내가 듣고 다시 동자에게 「나 또한 그 게송을 외워 내생의 인연을 맺고 함께 부처님 나라에 나기를 바랍니다, 上人이여! 내가 여덟 달 동안이나 방아만 찧었지 지금껏 당(堂) 앞에 가본 일이 없으니 나를 좀 인도하여 그 게송 앞에 예배를 드리게 해주시오」라고 청하였다.

이에 동자가 인도하는 대로 게송 앞에 가서 예배하고 「내가 글자를 모르니 좀 읽어주시오」하니, 그때 장일용(張日用)이란 강주별가(江州別駕)가 큰소리로 읽어 주었다.

내가 듣고 나서 「나도 게송을 하나 지을테니 별가가 좀 써주십시오」하였더니,

별가가 「오랑캐인 네가 다 게송을 짓겠다니 희한한 일도 다 있구나」라고 말하였다.

이때 내가 「무상 보리를 배우려거든 처음 들어온 사람을 깔보지 마시오. 아무리 낮은 사람이라도 높은 지혜가 있을 수 있고, 아무리 높은 사람이라도 어리석을 수 있으니, 사람을 가볍게 여기는 것은 크나큰 죄가 됩니다」하고 일깨우니,

별가는 「그대는 다만 게송을 읊게나, 내가 그대를 위해 써 주겠네. 그대가 만일 법을 얻거든 먼저 나를 반드시 제도하여 주시고 내 부탁을 부디 잊지 마시게」하였다.

이에 내가 게를 지어 말한 바

보리(菩提)에 본디 나무가 없고   菩提本無樹

밝은 거울 또한 틀(臺)이 아닐세   明鏡亦非臺

본래로 한 물건도 없는 것이니   本來無一物

어느 곳에 티끌이 묻으리오?   何處惹塵矣

이와 같이 별가가 다 써 놓으니, 모든 대중이 다 놀라서 서로들 웅성거리며 말하였다.

「참으로 기이한 일일세! 사람을 외모만 보고 판단해서는 안 되는 일이라, 어찌 오랜 시간동안 저 사람이 육신보살(肉身菩薩)임을 알지 못하였던가? 」

五祖께서 대중들이 놀라고 괴상하다고 여기는 것을 보시고는 혹시나 다른사람들이 해칠까 염려하시어, 짐짓 신짝으로 내가 지은 게송을 문질러 지우시면서 「이것도 견성을 못한 글이다」하시니, 대중이 의심하기를 멈추었다.

다음 날 五祖께서 가만히 방앗간에 오셔서, 내가 허리에 돌을 달고 방아를 찧고 있는 것을 보시고는

「道를 구하는 사람은 法을 위하여 몸의 고단함을 잊나니, 마땅히 지금처럼 해야 하느니라」하시고 「쌀이 익었느냐 덜 익었느냐?」하고 물으셨다.

「쌀은 익은지 오래되었사오나 키질을 할 도구가 없나이다」대답하니,

五祖께서 지팡이로 방아 확을 세 번 치고 돌아가셨다.

그 뜻을 알고 三更에 조실(祖室)에 들어가니 五祖께서 가사(袈裟)로 사방을 가리어 다른 사람이 보지 못하도록 하시고는 금강경(金剛經)을 설(說)하여 내려가시는 중에

「應無所住 而生其心, 응당 머무른 바 없이 그 마음을 낼지니라」하는 구절에 이르러

言下에, 그 말이 떨어지자 마자

大悟一切萬法 不離自性이라, 일체 만법이 '제 성품' (自性)을 떠나지 않음을 크게 깨닫고,

이윽고 五祖께 말씀 드리기를

何期自性 本自清淨

「어찌 제 성품이 본래 **청정함**을 알았으리까?

何期自性 本不生滅

어찌 제 성품이 본래 **생멸 없음**을 알았으리까?

何期自性 本自具足

어찌 제 성품이 본래 **구족함**을 알았으리까?

何期自性 本無動搖

어찌 제 성품이 본래 **흔들림 없음**을 알았으리까?

何期自性 能生萬法

어찌 제 성품이 능히 **만법을 냄**을 알았으리까?」하니,

　五祖께서 나 혜능이 본성품(本性)을 깨달은 줄 아시고 이렇게 말씀하시었다.

　「본 마음을 알지 못하면 아무리 법을 배워도 유익할 것이 없느니라.

　若識自本心 見自本性 제 본 마음을 알면 제 본 성품을 보고 있는 것이라,

　곧 이를 일컬어 대장부요 천상과 인간의 스승이요 부처라 하는 것이니라.」

　이렇게 三更에 법을 받으니 아는 이가 없었다. 돈교(頓敎)와 의발(衣鉢)을 전하시면서

　「너는 이제 第六代祖가 되었으니 일념으로 잘 지켜 나가며, 중생들을

널리 제도하여 앞으로 끊어짐이 없이 하여라.

내 게송을 들으라.

『有情來下種　뜻이 있으면 씨가 내리고

　因地果還生　인연되는 곳에 과로 다시 나네.

　無情旣無種　뜻이 없으면 씨가 없나니

　無性亦無生　성품 없으므로 남도 없느니라』

이렇게 게송을 설하시고, 다시 말씀하시기를

「옛적에 달마대사(達摩大師)께서 처음으로 이 땅에 오셨으나, 사람들이 믿지 않으므로 이 의발을 전하여 믿음의 표식(信體)을 삼아 대대로 이어지게 하였던 것이나,

　법(法)이란 원래 마음으로써 마음에 전하여(以心傳心) 모두 스스로 깨우치고 스스로 요달(自悟自解)토록 하는 것이니,

예전부터 부처마다 오직 본체(本體)를 전하시고 조사(祖師)마다 은밀히 본심(本心)만 부치셨던 것이다.

그런데 이 의발은 자칫 서로 다투는 빌미가 되니 네게서 그치고 다음부터는 전하지 말아라.

만약 이 의발을 전한다면 목숨이 실낱에 매달린 것과 같이 될 것이다.

이제 너는 빨리 떠나도록 하여라. 다른 이들이 너를 해칠까 염려되느니라」하셨다.
이에 내가 「**어디로 가면 좋으리까?**」여쭈니,

「회(懷)자 든 고장에서 머무르고 회(會)자 든 곳을 만나면 감추어라」하셨다.

내가 의발을 지니고 三更에 떠나려하면서, 『제가 남방사람이어서 이곳 산길을 알지 못하오니 어떻게 강어귀로 나아가오리까』하고 여쭈니

五祖께서 이르시되

28

『너는 염려할 필요가 없느니라, 내가 너를 전송해주리라』하시고는

친히 구강역(九江驛)까지 배웅 나오시니 배 한 척이 마련되어 있었다.

오조께서 나로 하여금 배에 오르게 하시고는 손수 노를 잡고 저으려
하시었다.

이에 내가 『청하옵건대 화상께서는 앉으소서, 제자가 노를 저음이
옳은가 하나이다』하고 사뢰니
오조께서 『내가 너를 건네어 줌이 옳으니라』하시었다.

이에 『迷時師度 悟了自度 度名雖一 用處不同 모를 때에는 스승께서
건네어 주시지만, 깨달은 후에는 스스로 건넘이 옳은가 하나이다. 비
록 건넌다는 이름은 하나이오나 쓰이는 경우가 다른가 하나이다.

혜능이 변방에서 태어나 말과 소리가 바르지 못하였으나 스승께서
법을 전하여주시매 이제 이미 깨달음을 얻었사오니 이젠 제 성품으로
스스로 건넘이 옳은 일인가 하나이다』여쭈었다.

오조께서 말씀하시길 『옳다 옳다! 이후로는 불법이 너로 말미암아 크게 퍼지리라. 네가 떠난 뒤 3년이면 나는 이 세상을 떠날 것이다.

너는 부디 잘 가되 남방으로 향하길 힘쓰고, 때가 되기 전에 미리 설(說)하지 말 것이니, 불법을 일으키는 일이 쉽지 않느니라』하시었다.

五祖께 하직하고 남쪽으로 발길을 향한 지 두 달쯤 되어 대유령(大庾嶺)에 이르렀는데,

【그 뒤로 五祖께서 돌아오셔서 며칠간 당(堂)에 오르지 않으셨다. 대중이 의심하여, 어디 편치 않으십니까 여쭈니, "아니다 의법(衣法)이 이미 남쪽으로 갔을 뿐이다" 그러면 누가 받았사옵니까? "혜능이 얻었느니라" 하셨다. 그래서 대중들이 모두 알게 되었다】

수백명이 뒤를 쫓아와 의발을 빼앗으려 하였다.

그 중에 속성은 진(陳)이요 법명은 혜명(慧明)이며 출가 전에 사품장군(四品將軍)을 지낸 성질이 거칠고 행동이 사나운 자가 극성스럽게도 찾은 탓에 남보다 훨씬 빠르게 뒤쫓아와 나를 찾게 되었다.

내가 의발을 큰 바위 위에 놓고서 『이 의발은 믿음을 표시한 것인데 힘으로써 다툴 수 있겠는가?』 말하고는 풀덩굴 속에 몸을 감추니,

혜명이 와서 의발을 취하려 하였으나, 의발이 꿈쩍도 않자, 나를 부르며 말하기를 「행자(行者)여, 행자여, 나오소서. 저는 법을 위하여 온 것이지, 의발을 탐내어 온 것이 아닙니다」하기에

내가 나와서 반석 위에 앉자

혜명이 예를 올리며 말하기를 「원컨대, 행자는 저를 위하여 법을 설하여 주소서」하였다.

이에 내가 말하기를

『네가 이미 법을 위하여 왔거든 **모든 인연(因緣)을 쉬고 한 생각도 내지 말라.** 내 너를 위하여 설하리라』하고,

혜명이 양구(良久)하고 있으므로

「**선(善)도 생각하지 말고 악(惡)도 생각하지 말라. 바로 이러할 때에**

어떤 것이 명상좌(明上座)의 본래 모습인고? 不思善 不思惡 正與麼時 那箇是 明上座本來面目?」하니,

혜명이 그 말에 크게 깨닫고

다시 묻기를 『지금 해주신 그 비밀한 말씀(密語)과 비밀한 뜻(密意) 외에 또 다른 비밀한 뜻(密意)이 있나이까?」하였다.

『네게 말한 것은 비밀한 것이 아니요, 네가 만일 반조(返照, 마음을 돌이켜 성품을 비추어 봄)하면 비밀함은 네게 있느니라 與汝說者 卽非密也 汝若返照 密在汝邊』하니,

혜명이 또 말하기를

『제가 그동안 황매(黃梅)에 있었으나, 실로 제 본래면목(本來面目)을 알지 못하였는데, 이제 가르침을 받자오니 마치 물을 마셔보고 차고 더움을 스스로 아는 것과 같나이다. 이제 행자께서는 저 혜명의 스승이옵니다」하였다.

『네가 만약 그렇다면 나와 너는 함께 황매의 문인이니 잘 지키어 나아가라』하니,

혜명이 다시『제가 이제 어디 곳으로 가오리까』하고 물었다.

『원(袁)자 든 데서 머무르고 몽(蒙)자 든 데서 살아라』하니, 혜명이 절하여 하직하고 물러가니라.

【혜명이 산 아래로 내려와 좇아온 무리들에게 말하기를, 이쪽 높은 곳까지 찾아 보았으나 도무지 종적을 찾을 수가 없으니 다른 곳으로 찾아보는 것이 옳겠다고 하자, 무리들이 그러함이 옳다고 여겼다. 혜명(慧明)은 그후 도명(道明)으로 이름을 고쳤으니 이는 스승의 법명과 같은 글자를 피한 것이다.】

그 뒤로 내가 조계(曹溪)에 이르렀으나 다시 나쁜 사람들에게 쫓기어 사회현(四會縣)으로 피난하여 사냥꾼들 틈에서 무릇 열다섯 해 동안을 지내면서

사냥꾼들에게 알맞게 설법(수의설법 隨宜說法)하였고,

그들이 늘 그물을 지켜봐 달라고 하여 살펴보아 산 목숨이 있으면 놓아 주었으며

끼니때는 그들의 고기 냄비에 채소를 익혀서 먹었는데, 간혹 다른 이가 물어보면 '나는 다만 육변채(肉邊菜)만을 먹습니다' 라고 대답하였다.

어느 날 사유컨대, 널리 법을 펴기에 마땅한 때요 더 이상 숨어 있으면 안되는 때가 되었다.

드디어 피난살이에서 벗어나 **광주 법성사**(廣州法性寺)에 이르니, 거기는 **인종**(印宗)법사가 있어 **열반경**(涅槃經)을 강(講)하는 중이었다.

그때 마침 바람이 불어와서 깃발이 펄럭이고 있었는데, 그걸 보고 한 중은 「바람이 움직인다」하고 한 중은 「깃발이 움직인다」고 하여 의논이 끝이 나지 않으므로

내가 나아가 말하기를

『그것은 바람이 움직이는 것이 아니요,　不是風動

34

깃발이 움직이는 것도 아니며   不是幡動

당신네 마음이 움직이는 것일세』   仁者心動

하니,

온 대중이 놀래었느니라.

인종법사는 나를 윗자리로 앉게 한 후 여러 방면으로 깊은 뜻을 물어
보았는데,

이에 대한 나의 대답이 문자와 상관 없으면서도 간단하고 이치에 꼭
들어맞는 것을 보고는

인종이 묻기를

『행자는 필시 범상한 분이 아닙니다. 전부터 듣기를 황매의 의법이
남방으로 왔다 하더니 혹시 행자가 법을 받으신 그 분이 아니십니까?』
하였다.

이에 「부끄럽습니다 不敢!」하니,

이에 인종이 제자로서의 예를 갖춘 후 그 의발을 대중이 볼 수 있도록 하여달라고 청하였다.

그리고 인종이 또 묻기를

「황매에서 부촉(付囑)하실 때 가르치고 전해 주심이 어떠한 것이오니까?」하기에

「가르치고 전해 준 것이 따로 없으니, 오직 제 성품 보는 것만 논하게 하시고 선정과 해탈을 논하시지 않습니다 指授卽無 唯論見性 不論禪定解脫」하자, 또 묻기를

「어찌하여 선정(禪定)과 해탈(解脫)을 논하지 않으십니까?」

『그것('선정'과 '해탈'을 논하는 것)은 두 가지 법이 되어서 불법이 아니기 때문이니, 불법은 '둘이 아닌 법'(不二之法)이기 때문입니다 爲是二法 不是佛法 佛法是不二之法』라고 답하니,

인종이 『어떠한 것이 불법이 둘이 아닌 이치입니까? 如何是佛法不
二之法』하고 다시 물었다. 이에 내가 말하기를

『법사가 열반경을 강의(講義)하니, '불성'이 '불법의 둘 아닌 법'임
을 밝게 볼 것입니다 法師 講涅槃經 明見佛性是佛法不二之法.

저 고귀덕왕(高貴德王) 보살이 부처님께 사뢰기를

"네 가지 큰 禁戒(살생, 투도, 사음, 망어)를 범하고 五逆罪(부모를 죽임,
아라한을 죽임, 부처몸에 피를 냄, 이치에 안 맞게 함, 화합을 깨뜨림)를 지은 자
와 일천제(一闡提, 인과도 믿지 않고 부끄럼도 없으며 과거세와 미래세를 부인
하며, 부처님의 가르침을 따르지 않는 신심이 없는 사람)에게 있어서 마땅히
선근불성(善根佛性)이 끊어지는(斷) 것이옵니까?" 하니,

부처님께서 대답하시기를,

"선근(善根)에 둘이 있어 一은 '항상함' (常)이요, 二는 '항상치 못
함' (無常)이나, 불성(佛性)은 '항상함도 아니요' (非常), '항상치 못함
도 아니어서' (非無常) 끊어지지 않는 것(不斷)이며,
   一은 선(善)함이요 二는 선하지 아니함(不善)이나, 불성(佛性)은
'선함도 아니요' (非善) '선하지 않음도 아니므로' (非不善) 이를 일컬

어 '둘이 아님' (不二)이라 하느니라.

'오온' (五蘊, 色·受·想·行·識, 몸과 마음)과 '경계' (境界, 나와 상대되는 모든 事物)를 범부는 둘로 보나 **지혜로운 사람은 그 성품이 둘이 아님을 확연히 아나니, 이 둘이 아닌 성품이 곧 불성이니라** 蘊之與界 凡夫見二 智者了達其性無二 無二之性卽是佛性" 하시지 않았습니까?」하니

인종이 듣고 기뻐서 합장하고 말하기를

『제가 경을 강의함은 깨어진 기왓장과 같은 것이고, 당신(仁者)께서 설하심은 마치 순금(眞金)과 같사옵니다』하였다.

이에 인종은 나를 위해 머리를 깎아주며 스승으로 섬길 것을 원하였다.

이윽고 내가 보리수 아래에서 동산법문(東山法門)을 열었으니,

황매에서 법을 얻은 이후로 지금까지 겪어온 신고(辛苦)란 실로 말할 수 없는 것이어서 목숨이 마치 실줄에 걸어놓은 듯 하였느니라.

오늘 이렇게 위사군의 관료들과 승니도속(僧尼道俗)으로 더불어 한

자리에 모인 것은 여러 겁(劫)의 인연이 아닐 수 없으며,

   또한 과거생 중에 모든 부처님께 공양을 올리고 함께 선근을 심었기 때문에, 위와 같은 '돈교법(단박에 깨닫는 법)을 얻은 연유' (頓敎得法 之緣)를 듣게 된 것이다.

'교'(敎)라는 것은 옛 성인이 전하신 바요	敎是先聖所傳
혜능의 지혜가 아니니,	不是慧能自智
옛 성인의 가르침을 듣고자 하는 자는	願聞先聖敎者
먼저 그 마음을 맑게 할 것이며,	各令淨心
듣고 나서 의심이 사라지면	聞了 各自除疑
옛 성인과 다를 것이 없으리라.	如先代聖人無別』하시니

모든 대중이 법을 듣고 기뻐서 절하고 물러가니라.

중국 동화산 동굴 입구에서 포행중인 동화선사(東華禪寺) 스님.

해와 달과 별,
산과 물과 땅,
샘물과 계곡,
풀과 나무와 숲,
악인과 선인,
악법과 선법,
천당과 지옥,
모든 큰 바다와 높은 산들도
다 이 허공 속에 있나니,

세상 사람들의 공한 성품도
또한 이와 같으니라.

반야품(般若品)

　다음날 위사군이 다시 설법하여 주실 것을 청하여서 대사께서 자리에 오르시어 대중에게 이렇게 말씀하셨다.

　『모두 마음을 맑히고 '마하반야바라밀다(摩訶般若波羅密多)'를 염(念)하라!』하시고 다시 말씀하시기를

　『선지식이여!

　보리 반야의 지혜는 세상 사람이 본래 스스로 갖추고 있건만 다만

마음이 어둡기 때문에 스스로 깨닫지 못하는 것이니,

　마땅히 대선지식(大善知識)의 보여주고 이끄는 바의 가르침을 받아서 견성토록 할 것이라.

　마땅히 알아라!

　어리석은 사람이나 지혜로운 사람이나 불성에는 본래 차별이 없건만 다만 미혹하고 깨우침이 같지 않기에, 어리석은 사람이 있고 지혜로운 사람이 있는 것이니라.

　愚人智人 佛性 本無差別 只緣迷悟不同 所以有愚有智

　내 이제 **마하반야바라밀법**을 설(說)하여서 그대들로 하여금 각기 지혜(智慧)를 얻게 할 것이니

　뜻과 마음을 한 곳에 모아 잘 들으라.

　선지식이여!

세상 사람들이 종일 입으로는 반야를 염(念)하되, 자성반야 (自性般若)를 알지 못하는 것이 마치 음식 이야기를 아무리 해봐도(먹지 않으면) 배부를 수 없는 것과 같나니,

입으로만 공(空)을 말한다면 만겁(萬劫)을 지내기로 어찌 견성(見性)을 할 것인가? 끝까지 유익함이 없으리라.

선지식이여!

'마하반야바라밀'이란 말은 이것이 범어(梵語, 산스크리트어)인데 그 뜻은 「'큰 지혜로써 저 언덕에 건너간다'」는 뜻이라,

이것은 모름지기 마음으로 행할 것이요 입으로 염하는 데 있지 않나니,

입으로는 염(念, 염송)하되 마음으로는 행(行)하지 않는다면 허깨비(幻化)나 이슬과 번개같이 허망한 것이지만,

입으로도 염하고 마음으로 행한다면

곧 마음과 입이 상응(相應)한 즉 본성품이 부처라, 성품을 떠나서는

달리 부처가 없느니라(本性是佛 離性無別佛).

  무엇을 '마하(摩訶)'라고 이르는가?

  '마하'란 '크다'는 뜻이니 심량(心量)의 광대함이 마치 허공과 같아서 끝이 없고, 모나거나 둥글거나 크거나 작지도 않으며,

  또한 푸르고 누르고 붉고 희지도 않으며, 상하(上下)와 장단(長短)도 없고, 성냄도 기쁨도 없으며,

  옳고 그름과 착하고 악함이 없으며

  머리도 꼬리도 없는 것이어서,

  모든 부처님의 세계가 다 허공과 같나니 諸佛刹土 盡同虛空,

  '세상 사람들의 묘한 성품(妙性)'이 본래 공(空)하여서 한 법도 가히 얻을 것이 없으며,

  '본성품(自性)' 또한 참으로 공하여서 가히 얻을 것이 없느니라

世人妙性 本空 無有一法可得 自性眞空 亦復如是.

선지식이여!

그러나 이 말을 듣고 공(空)에 걸리지 말라.

제일 요체는 공에 걸리지 않는 것이니, 만일 공한 생각으로 조용히 앉아만 있으면 곧 무기공(無記空)에 떨어지리라.

선지식이여!

세계 허공(世界虛空)이 능히 모든 것(萬物色像)을 담고 있는 것이라,

해와 달과 별, 산과 물과 땅, 샘물과 계곡, 풀과 나무와 숲, 악인과 선인, 악법과 선법, 천당과 지옥, 모든 큰 바다와 높은 산들도 다 이 허공 속에 있나니,

세상 사람들의 공한 성품도 또한 이와 같으니라.

선지식이여!

'자성(自性)'이 능히 모든 법을 포함하는 큰 것이라,

'만법(萬法)'이 다 모든 사람의 성품 속에 있나니,

만일 모든 사람의 악과 선을 보더라도 취(取)하고 버림(捨)을 없이 하여 거기에 물들어 걸리지 않으면, 마음이 허공과 같아서 이것을 '크다'고 이름하나니, 그러므로 '마하(摩訶)'라고 하느니라.

선지식이여!

어리석은 사람은 입으로만 말하나, 지혜로운 사람은 마음으로 행하느니라 迷人口說 智者心行.

또 어떤 어리석은 사람이 공한 마음으로 아무 사유함도 없이 고요히 앉아서 스스로 크다고 일컫는다면, 이런 사람들과는 말할 것이 없나니 삿된 견해(邪見)를 갖은 사람이기 때문이니라.

선지식이여!

심량(心量)은 광대(廣大)하여서 법계(法界)에 두루하나니,

쓰면 아주 분명하여 그 응하여 씀(應用)에 바로 일체(一切)를 알아
서 일체가 곧 하나요 하나가 곧 일체라,
　가고 옴에 자유여서 마음자리에 머무름이 없나니 이것이 곧 반야니
라 去來自由 心體無滯 卽時般若.

선지식이여!

모든 반야지(般若智)가 다 자성(自性)으로 좇아서 난 것이요, 밖으
로부터 들어온 것이 아니니,

'뜻을 씀(用意)에 잘못이 없으면' 이것이 진성자용(眞性自用)이라,
하나가 참되면 모든 것이 참되니라 一眞一切眞.

심량(心量)은 크게 움직이는 것이요 작은 길로는 가지 않나니, 입으
로만 온 종일 공(空)을 말하지 말라.

마음(心中)으로 이것을 닦지 않는다면, 마치 평범한 사람이 아무리 자신을 국왕(國王)이라 하여도 국왕이 될 수 없는 것과 같나니, 이러한 사람은 내 제자가 아니니라.

선지식이여!

'반야(般若)'란 무엇이냐?
'지혜(智慧)'를 일컫는 것이니

언제든지 어디서나 생각생각이 어리석지 않아서 항상 슬기롭게 행동하면 곧 이것이 반야행(般若行)이라,

'한 생각 어리석으면' 곧 반야가 끊어지고, '한 생각 지혜로우면' 곧 반야가 생(生)한 것이니라.

세상 사람이 대개 우미(愚迷)해서 반야를 보지 못하고 입으로는 반야를 말하나, 마음(心中)은 언제나 어리석나니,

늘 스스로 「나는 반야를 닦는다」하여 생각생각에 공을 말하나 참으로 공(空)한 것은 모르느니라.

반야는 형상이 없으며 '지혜로운 마음'이 곧 반야라,

만약 (그대들이) 이렇게만 알면 바로 '반야지(般若智)'라 하리라.

'바라밀'이란 무엇이냐?

이른바 '저 언덕에 도달한다(到彼岸)'는 말로서 '생멸(生滅)을 떠난다'는 뜻이니라.

'경계(境界)에 집착(執着)하면' 생멸이 일어나나니, 마치 '물에 이는 물결'과 같은 것이라 곧 이것이 '이 언덕(此岸)'이며,

'경계(境界)에 걸림이 없으면' 생멸이 없나니 마치 '물이 언제나 자유롭게 통하여 흐름'과 같은지라, 곧 이것이 '저 언덕(彼岸)'인 것이니 그러므로 '바라밀'이라 하느니라.

선지식이여!

어리석은 사람은 입으로만 염(念)하되 염(念)할 때에 망녕된 것과

잘못된 것이 있나니,

생각마다 '행'하기만 하면(念念若行) 이것이 진성(眞性)이고,

이 법을 깨달음이 곧 '반야법'이며,

이 행(行)을 닦는 것이 '반야행'이니,

닦지 않으면 곧 범부이고

일념으로 닦는다면 이 몸이 부처와 같으니라 一念修行 自身等佛.

선지식이여!

'범부(凡夫) 즉 부처(佛)'요 '번뇌(煩惱) 즉 보리(菩提)'이니,
앞생각이 어두웠을 때는 곧 범부였으나,뒷생각에 깨달으면 곧 부처
이며,

앞생각이 경계에 집착했을 때는 곧 번뇌였으나, 뒷생각이 경계를 떠
나면 곧 보리이니라.

선지식이여!

'마하반야바라밀'은 가장 귀한 가장 높고 제일 가는 경지(境地)로서, 머무름도 아니며 감도 아니요 옴도 아니며,

삼세(三世)의 모든 부처님이 다 이곳에서 출현하셨느니라.

마땅히 대지혜(大智慧)를 써서, 5온(五蘊)의 번뇌와 진로(塵勞)를 타파할 것이니,

이렇게 닦아 나가면 결정코 불도를 이루어서 삼독(三毒)이 변하여 계정혜(戒定慧)가 되리라.

선지식이여!

내 이 법문은 하나의 반야로부터 팔만사천 지혜가 나오나니, 왜 그러한가?

세상 사람이 팔만 사천 진로(塵勞)가 있거니와, 만일 진로(塵勞)가 없다면 지혜가 항상 나타나서 자성을 떠나지 않기 때문이니라.

이 법을 깨닫는 이는

곧 무념(無念) 무억(無億) 무착(無着)이 되어서

거짓과 망녕을 일으키지 않고

스스로의 진여성(眞如性)을 써서

지혜로써 일체법(一切法)을 관조(觀照)하되

취(取)함과 버림(捨)이 없나니,

바로 이것이 견성(見性)하여 불도를 이루는 것이니라 卽時見性成佛道.

선지식이여!

　만약 깊은 법계(眞如一心의 世界)와 반야삼매(般若三昧)에 들고자
한다면, 반드시 반야행(般若行)을 닦아야 할 것이니,

　금강반야경을 외우고 지녀서 독송한다면 바로 견성할 것이니라.

이 금강반야경의 한량없는 공덕은 경 가운데 분명히 찬탄하였으니 더이상 말할 것이 없노라.

이 법문은 최상승(最上乘)법문이라,

대지인(大智人)과 상근인(上根人)을 위하여 설하는 것이니,

소지소근인(不智小根人)이 들으면 믿지 않을 것이니라.

그것은 왜 그러한가?

비유하자면 하늘 용(天龍)이 지상에 큰 비를 내린다면 마을과 집들은 모두 나뭇잎처럼 쓸려서 떠내려 가겠지만

그 비가 큰바다에 내린다면 물은 더 늘지도 줄지도 않는 것과 같아서,

만약 대승인이나 최상승인이 금강경을 설하는 것을 듣는다면 마음이 열려 깨닫고 알게 될 것이니,

본성품에 스스로 반야지혜가 있는지라

스스로의 지혜를 써서 항상 관조하는 까닭으로

문자에 의지하지 않는 것임을 알아야 하느니,

비유하자면 빗물이란 하늘로부터 오는 것이 아니요

원래 용이 능히 조화를 부려 일체 중생들과 일체의 초목 유정무정들
모두가 윤택해지도록 하며

모든 물줄기는 큰 바다로 흘러가 한 몸이 되듯이

중생의 본성품인 반야지혜 또한 그와 같으니라.

선지식이여!

초목은 근성이 약하여 큰비에 모두 꺼꾸러져 능히 자라지 못하듯이
근기가 작은 사람이 이러한 돈교(頓教)를 듣는다면 역시 이와 같나니라.

그러나 작은 근기의 사람(小根人)도 원래 가지고 있는 반야의 지혜
는 대지인(大智人)과 서로 다를 것이 없건만, 왜 법을 들어도 스스로

깨닫지 못하는가?

　그것은 삿된 소견의 업장(業障)이 중하여서 번뇌(煩惱)의 뿌리가 깊기 때문이니,

　마치 검은 구름이 두껍게 해를 가리웠을 때 바람이 불어서 그 구름을 벗기지 않으면 햇빛이 나타나지 않는 것과 같아서,

　반야의 지혜도 본디 크고 작음이 없건만 일체 중생이 막히고(迷) 열린(悟) 정도가 같지 않을 뿐이니라.

　막힌(迷) 마음으로는 겉으로 보기에는 수행하여 부처를 찾는 것 같더라도

　자성(自性)을 깨닫지 못하나니

　곧 이것이 작은 근기이나,

　만일 돈교(頓敎)에 열리고 깨달아

　밖으로 닦는 것을 고집하지 않고

스스로의 마음에 항상 정견(正見)을 일으켜

번뇌진로에 언제나 물들지 않게 된다면

즉시 견성(見性)하리라.

선지식이여!

안과 밖에 머무르지 않고 가고 옴을 자유롭게 하여 능히 집착하는 마음(着心)을 없애면 통달무애(通達無礙)하게 되리니

능히 이렇게 행함을 닦는 것이 반야경(般若經)의 내용과 다름이 없는 것이니라.

선지식이여!

모든 경전(經典), 즉 모든 문자(文字)로 된 대소이승(大小 二乘) 12부경(十二部經)이 모두 사람을 위하여 있는 것이며,

지혜 성품(智慧性)으로부터 세워진 것이라,

만일 세상에 사람들이 없다면 일체 만법이 본디 있지 않을 것이니,

그러므로 만법이 본래 사람으로부터 일어난 것이며,

일체 경서가 사람 때문에 설하여진 것이니라.

그런데 사람은 어리석은 이와 지혜로운 이가 있어서

어리석으면 소인(小人)이요, 지혜로우면 대인(大人)이라,

어리석은 사람은 지혜로운 사람에게 묻고 지혜로운 사람은 어리석은 사람에게 설법(說法)하나니,

어리석은 이가 홀연히 깨달아서 마음이 열리면 그가 곧 지혜로운 사람이 되느니라.

선지식이여!

깨닫지 못하면 부처가 중생이요, 한 생각에 깨달으면 중생이 곧 부처인 것이다.

그러므로 만법이 다 제 마음에 있는 것이거늘, 어찌 제 마음속(心中)에서 진여본성(眞如本性)을 빨리 보지 못하는가? 萬法 盡在自心 何不從自心中 頓見眞如本性

'보살계경'(菩薩戒經, 梵網經 보살계품)에 말씀하시기를,

「나의 본성(本性)이 원래 스스로 청정하다」하였으니,

만일 제 마음을 알아서 성품을 보면 다 불도를 이루는 것이라 我本元自性 淸淨 若識自心 見性 皆成佛道,

'정명경'(淨名經, 維摩經)에 이르되「즉시(卽時)에 확 트이면(豁然) 도로 본심을 얻는다(還得本心)」고 하셨느니라.

선지식이여!

내가 홍인(弘忍)화상 처소에서 한번 듣고 그 말씀에 바로 열려 진여

본성을 보았기에

이 교법(教法)을 가지고 펴서

도(道)를 배우는 이들로 하여금

보리(菩提)를 단박에 깨닫게(頓悟) 하고자 함이니,

각자 스스로 마음을 관(觀)하여 본성을 볼 것이로되

만일 스스로 깨닫지 못하거든 모름지기 최상승법(最上乘法)을 아는 대선지식(大善知識)을 찾아서 바른 길을 지시받도록 할 것이니라.

이 선지식이 큰 인연이 있어서 중생을 교화하여 견성하게 하나니, 모든 좋은 법이 선지식에게서 능히 발기(發起)되기 때문이니라.

그러므로 삼세제불 십이부경(三世諸佛 十二部經)이 사람의 성품 속에 본래 구족하건만, 능히 스스로 깨닫지 못하면 마땅히 선지식이 가르치시고 보여주심을 구하여서 깨닫도록 할지니라.

그러나 만약 스스로 깨닫는 자는 밖으로 구할 것이 없나니, 반드시 선지식을 만나야만 해탈할 수 있다고 집착한다면 옳지 않으니라.

왜 그러한가?

알고 보면 제 마음 안에 선지식이 있어서 스스로 깨닫게 되는 것이요, 삿된 소견과 막힌 망념을 지녀 생각이 올바르지 못하고 뒤집혀져 있다면 다른 선지식이 아무리 가르쳐 주더라도 구원할 수 없기 때문이니라.

만약 바르고 참다운 반야를 일으켜 비춰본다면 一刹那 간에 망념(妄念)이 모두 사라질 것이며, 만일 자성을 알아서 한번 깨닫는다면 바로 부처의 자리(佛地)에 이르게 되리라.

선지식이여!

지혜로 비춰보면(觀照) 안팎이 밝게 사무쳐서 자기의 본심을 알게 될 것이니,

만약 '본심을 알면' 곧 그것이 '해탈(解脫)'이며 若識本心 卽本解脫,

만일 '해탈을 얻는다면' 곧 그것이 '반야삼매(般若三昧)'이며 곧 그 것이 '무념(無念)'이니 若得解脫 卽是般若三昧 般若三昧 卽是無念,

왜 '무념'(無念)이라 하느냐?

"만약 일체 법을 보아도 마음에 물들고 집착(執着)함이 없으므로" 그래서 무념이니,

'마음(體)을 씀'(用, 應用)이 일체 처에 두루하되 일체 처에 걸리지 않고,

다만 본심을 맑히어 육식(六識)으로 하여금 육문(六門 눈, 귀, 코, 혀, 몸, 뜻)을 통하여 육진(六塵 색, 성, 향, 미, 촉, 법)을 접하되 육진 속에 섞이어 물들지 않고,

오고 감에 자유롭고 통하여 쓰는 데 막힘이 없으면,

곧 이것이 반야삼매이고, 자재해탈이니,

이름하여 '무념행(無念行)'이라 하느니라.

만약 아무것도 생각하지 않고 생각을 아주 끊어지게 하려 한다면 이 것은 법에 얽매이는 것(法縛)으로서 변견(邊見, 아주 없다고 보는 斷 見과 늘 있다고 보는 것은 常見을 말함) 이라고 하나니라.

선지식이여!

무념법(無念法)을 깨달은 이는 만법에 다 통하며,

무념법을 깨달은 이는 제불(諸佛)의 경계를 보며,

무념법을 깨달은 이는 불지위(佛地位)에 이르리라.

선지식이여!

후대에 나의 법을 얻은 자는 이 돈교(頓敎)법문을 같이 보고 같이 행할 것을 발원하고 수지하되, 부처를 섬기는 것과 같이 하고 목숨이 마칠 때까지 퇴전치 않는 사람이라야 기필코 성인의 자리에 오르게 되리라.

그러나 위로부터 가만히 전하여 내려온 분부(分付)를 다시 전하여 주어서 그 정법(正法)을 숨길 것이 아니로되,

만약 같이 보고 같이 행하는 이가 아닌 다른 법 속에 있는 사람들(外道)에게는 전할 것이 아니니, 도리어 그 사람에게 손해(損)가 있을지언정 유익함이 없느니라.

어리석은 사람이 알지 못하고 이 법문을 비방하여서 백겁천생(百劫千生)에 불종성(佛種性)을 끊을까 두렵노라.

선지식이여!

내게 한가지 무상송(無相頌)이 있으니 각각 외워 가지라.

재가자나 출가자나 모두 이대로 닦을 것이니

만일 스스로 닦지 않고 내 말만 기억한다면 또한 유익함이 없느니라.

내 송(頌)을 들으라!

말도 통하고 마음도 통하면	說通及心通
해가 허공에 있는 것 같나니,	如日處虛空
오직 견성하는 법을 전하여	唯傳見性法
세간에 나아가 삿된 가르침들을 부수라.	出世破邪宗

법에는 돈(頓)과 점(漸)이 없건만	法卽無頓漸
막힘과 열림 탓에 더딤과 빠름이 있나니,	迷悟有遲疾
다만 이 견성하는 문을	只此見性門
어리석은 사람은 모르는도다.	愚人不可悉

말은 비록 만 가지이나	說卽雖萬般
이치에 계합하면 하나로 돌아가게 되나니,	合理還歸一
번뇌로 어두운 마음 속에서	煩惱暗宅中
지혜의 태양은 항상 솟으리라.	常須生慧日

삿된 것 오면 번뇌가 일어나고	邪來煩惱至
바른 것 오면 번뇌가 사라지리니,	正來煩惱除
삿된 것 바른 것 모두 안 쓰면	邪正俱不用
청정하여 무여(無餘)에 이르리라.	清淨至無餘

| 보리(菩提)의 근본 제 성품에 | 菩提本自性 |

마음을 일으키면 이는 곧 망념이라,　　　起心卽是妄
청정한 마음이 망념 속에 있나니　　　　淨心在妄中
바르게만 하면 삼장(三障)이 없으리라.　　但正無三障

세상 사람들이 수도(修道)만 한다면　　　世人若修道
일체 모든 것 방해되지 않나니,　　　　　一切盡不妨
항상 스스로 제 허물 살핀다면　　　　　常自見己過
도(道)와 꼭 들어맞으리라.　　　　　　與道卽相當

모두가 저마다 도(道)를 갖추고 있어　　　色類自有道
서로 서로 방해하고 번뇌케 하지 않나니,　各不相妨腦
도(道)를 떠나 달리 도(道)를 찾는다면　　離道別覓道
목숨 마치도록 도(道)는 보지 못하리라.　　終身不見道

이리 저리 한 평생 헤매이다　　　　　波波度一生
마지막에 돌이켜 뉘우치나니,　　　　到頭還自懊
참 도(眞道)를 보고자 원하는가?　　　欲得見眞道
바르게 행함이 곧 道이니라.　　　　行正卽是道

제 스스로 만약 도심(道心) 없다면　　　自若無道心
어둠 속을 헤맬 뿐 도는 못 보리니,　　闇行不見道

진정한 수도인 되고자 한다면　　　　　若眞修道人
세간의 잘잘못 보지 말지라,　　　　　不見世間過

만약 남의 그릇됨만을 봄은　　　　　若見他人非
제 그릇됨 도리어 더한 것이요,　　　　自非却是左
남만 그르고 나는 옳다 한다면　　　　他非我不非
나 그르고 스스로 허물 있나니,　　　　我非自有過

다만 그르다는 생각 없애어　　　　　但自却非心
번뇌를 부수어 없애어라,　　　　　　打除煩惱破
미움과 고움을 상관치 않으면　　　　憎愛不關心
두 다리 펴고서 편히 쉬리라.　　　　長伸兩脚臥

다른 사람 교화하려 의욕한다면　　　　欲擬化他人
스스로 필요한 방편(方便) 있나니,　　　自須有方便
저로 하여금 헤아림만 없이 한다면　　　勿令彼有疑
곧바로 자성이 나타나리라.　　　　　卽是自性現

불법은 이 세간에 있는 것,　　　　　佛法在世間
세간을 떠난 깨달음이 아닌 것,　　　　不離世間覺
세간을 떠나 보리(菩提) 찾음은　　　　離世覓菩提

| 마치 토끼뿔 구함과 같은 것이라 | 恰如求兔角 |

바른 견해 갖춤은 출세간(出世間)이요	正見名出世
삿된 소견 지님이 세간(世間)이라네,	邪見是世間
삿된 것 바른 것 모두 없애면	邪正盡打却
보리 성품 완연하여 지리라.	菩提性宛然

이 게송은 곧바로 깨닫게 하는 가르침이요	此頌是頓教
또한 이름하여 대법선(大法船)이라,	亦名大法船
미혹하여 들으면 몇 겁에도 어려우나	迷聞經累劫
깨닫기로 한다면 찰나(刹那)간 이로다.	悟卽刹那間』

대사께서 다시 말씀하시기를

『지금 대범사 강당에서 이 돈교를 설하는 것은

널리 법계 중생이

이 말 끝에

바로 견성 성불하기를 원함이로다』하시니,

그때 위사군과 관료와 도속(道俗)이 대사의 설법을 듣고

모두 깨달아서

함께 예배하고는 『이렇듯 영남에서 부처님이 출현하실 줄 어찌 알았
겠습니까』하며

칭송하였다.

육조대사의 보임 수행처인 중국 동화산에 창건된 동화선사(東華禪寺) 전경. 윗쪽으로 사자봉과 와불 봉우리가 보인다.

막힘(迷)과 열림(悟)이 다르기 때문에

보는 데 더딤과 빠름이 있나니
막힌 사람은 염불로써
저 곳에 태어나기를 바라거니와
열린 사람은 제 마음을
스스로 맑히나니라 悟人 自淨其心.
그러므로 부처님께서 「마음(心)이 청정하니
불토(佛土)가 청정하니라」하셨느니라.

의문품(疑問品)

하루는 위자사가 대사를 위하여 큰 재회(齋會)를 베풀고 재 끝에 대사께 청하여 자리에 오르신 뒤에 관료(官僚) 사서(士庶)와 함께 엄숙한 태도로 절하고 여쭙기를,

「제자가 화상의 설법하심을 들으니 실로 생각하고 헤아리기가 어렵사옵니다. 제게 작은 의문이 있사오니 원컨대 대자대비하신 마음으로 가르쳐 주옵소서」하니

대사께서 말씀하시기를,

「의심이 있거든 물으라. 내 마땅히 말하여 주리라」하셨다.

위자사가 여쭙기를

「화상의 말씀이 필시 달마대사의 종지(宗旨)가 아니옵니까?」하니

대사께서 대답하시기를

「그렇다」하셨다.

위공이 다시 여쭙기를

「제자가 듣기에 달마대사께서 처음 양무제(梁武帝)를 교화하실 때 양무제가 묻기를 「내가 一生에 절을 짓고 스님들께 공양하며 보시(布施)하고 재(齋) 올리기를 수 없이 하였는데 이 공덕(功德)이 얼마나 됩니까?」하니, 달마대사의 대답이 「실로 공덕이 없습니다」하시었으니, 제자가 그 이치를 모르겠나이다, 원컨대 가르쳐 주옵소서」하였다.

대사께서 말씀하시기를

『실로 공덕이 없나니 선성(先聖)의 말씀을 조금도 의심치 말라. 무제가 마음이 삿(邪)되어 바른 법을 모르고 절을 짓고, 재를 올리고 중들을 대접하고 남는 것을 보시하고 한 것은 그것이 복을 얻기 위한 것이니, 복(福)을 구하는 것으로는 공덕(功德)이 될 수 없기 때문이니라.

공덕은 모름지기 법신중(法身中)에 있고 복을 닦는데 있지 않느니라』하시고,

또 말씀하시기를

『'성품을 봄'이 공(功)이요, '평등하게 함'이 덕(德)이니,

'생각생각에 걸림 없이 항상 본성품의 진실묘용(眞實妙用)을 봄'이 곧 功德이며,

안으로 '마음을 겸허히 함'이 功이요, 밖으로 '예절에 맞게 행함'이 德이며,

'자성(自性)으로 만법을 세움'이 功이요, '마음(心體)에 생각(妄念)을 떠남'이 德이며,

'언제나 자성을 떠나지 않음'이 功이요, '응용(應用)하되 물들지 않음'이 德이라,

만일 공덕법신(功德法身)을 찾으려 한다면 다만 이에 의지하여 마음을 지어갈지니, 이것이 '참 공덕(眞功德)'이니라.

만일 공덕을 닦는 사람이라면, 업신여기는 마음이 없고 '항상 널리 공경하는 행동'을 할 것이라,

마음으로 늘 남을 업신여기고 '나'(吾我)를 내세우는 생각이 끊어지지 않으면 곧 스스로 功이 없는 것이요,

자성이 허망하여 진실치 못하면 곧 그것이 德이 없는 것이니 '나'라고 내세우는 생각이 스스로 커서 항상 모든 것을 가볍게 여기는 까닭이니라.

선지식이여!

생각생각에 간격(間隔)이 없음이 '功'이요,

마음과 행실이 평등하고 바름이 '德'이며,

스스로 성품을 닦음이 '功'이요,

스스로 몸을 닦음이 '德'이니,

선지식이여!

공덕은 반드시 자성 속에서 보는 것이요,

보시와 공양으로 구해지는 것이 아니니라.

그러므로 공덕(功德)과 복덕(福德)은 다른 것이니, 무제가 이러한 진리(眞理)를 알지 못하였을 뿐이요, 조사께서는 잘못이 없으시니라.』

자사가 또 묻기를

「제자가 승속 간에 흔히 아미타불을 염(念)하여서 서방정토에 태어나기를 원하는 것을 보옵는데 과연 거기에 태어날 수 있나이까? 화상께서는 이 의심을 풀어 주옵소서」하였다.

　대사께서 대답하시기를

『사군이여!

　잘 들으라, 내 말하리라.

　세존께서 왕사성(王舍城)에 계시면서 서방인화(西方引化)에 대한 말씀을 하셨는데,

　경문(觀無量壽經)에 분명히 「여기서 '멀지 않다'」하셨고,

　(한편) 「만일 거리로 따져 말하자면 '십만팔천'이다」라고도 하셨으니

　이는 곧, 몸 가운데 '십악(十惡)'과 '팔사(八邪)'를 가리킨 것으로서 '멀다'고 말씀하신 것이다.

　'멀다'고 하신 것은 하근(下根)을 위함이요,

'**멀지 않다**' 하신 것은 상근(上根)을 위함이니,

사람에게는 두 가지(上根과 下根)가 있으나 법에는 두 가지가 없나
니라.

막힘(迷)과 열림(悟)이 다르기 때문에 보는 데 더딤과 빠름이 있나니

막힌 사람은 염불로써 저 곳에 태어나기를 바라거니와

열린 사람은 제 마음을 스스로 맑히나니라 悟人 自淨其心.

그러므로 부처님께서 「마음(心)이 청정하니 불토(佛土)가 청정하니
라」하셨느니라.

사군이여!

동방 사람이라도 마음만 청정하면 죄가 없는 것이요,

78

서방 사람이라도 마음이 청정치 못하면 역시 허물이 있는 것이니,

동방 사람이 죄가 있을 때에는 염불함으로써 서방에 나기를 원하겠으나, 서방 사람이 죄를 지었을 때에는 염불하여서 어느 국토에 나기를 원할 것이냐?

범부들이 어리석어서 자성을 모르므로 제 몸 속의 정토(淨土)를 알지 못하고 동방이니 서방이니 하여 찾고 있지만, 깨달은 사람은 어디에 있어서나 한가지라.

그러므로 부처님께서 말씀하시기를 「"머무는 바를 따라서 항상 안락하다." 隨所住處 恒安樂」하셨느니라.

사군이여!

마음자리에 착하지 않은 것만 없으면 서방정토가 여기서 멀지 않으나,

만약 착하지 못한 마음을 품고 있으면 아무리 염불을 해도 서방정토에 태어나기 어려우니라.

내 이제 여러 선지식들에게 권하노니,

먼저 십악(十惡, 殺生·偸盜·邪淫·妄語·綺語·惡口·兩舌·貪心·嗔心·痴心)을 끊으라,

그러면 십만을 가는 것이요.

다음에 팔사(八邪, 邪見·邪思·邪語·邪業·邪命·邪精進·邪念·邪定)를 제(除)하라,

그러면 팔천을 가는 것이니,

생각생각에 성품을 보아 항상 평등하고 올바르게 행하면

念念見性 常行平直

손가락 한번 퉁기는 동안에라도 바로 가서 아미타불을 뵈옵게 되리라.

사군이여!

80

십선(十善)만을 행하면서 어찌 반드시 왕생(往生)하기를 원할 것이며,

십악(十惡)의 마음을 끊지 않는다면 어느 부처님이 오셔서 맞아 주시길 청할 것이냐?

만일 무생돈법(無生頓法)을 깨달으면

서방정토를 보는 것이 찰나 동안이겠으나,

깨닫지 못하면

염불로써 서방정토에 태어나기를 원하여도 그 길이 먼 것이니 어떻게 갈 수 있겠는가?

나 혜능이 이제 찰나 동안에 서방정토를 옮겨다가 여러분의 눈앞에 놓아서 바로 보게 하리니, 각기 보기를 원하는가?』하니

모두 이마를 조아리면서 청하기를 「만약에 이 자리에서 볼 수 있다면 어찌 다시 저 곳에 태어나기를 원하오리까, 부디 화상께서 자비하신 마음으로 서방정토를 나타내어 널리 모두 보게 하여 주소서」 하였다.

대사께서 말씀하시기를

『세상 사람들의 각자의 **색신(色身)**은 **성(城)**이며,

눈과 귀와 코와 혀는 **겉문(外門)**이며,

의식은 **안문(內門)**이다.

마음(心)을 **땅**이라 하면

성품(性品)은 **왕**이라 할 것이니,

마음땅(心地) 위에 이 **왕(性品)**이 있는 것이어서

성품이 있으면 왕이 있고 성품이 없으면 왕이 없는 것이라,

그러므로 성품이 있으면 몸과 마음이 존재하고

성품이 없으면 몸과 마음이 무너지나니,

부처는 성품 속에서 이루는 것이요

몸 밖을 향하여 구하지 말지니라.

자성을 모르면 곧 중생이요

자성을 알면 곧 부처라,

자비(慈悲)는 곧 觀音(관세음보살)이요,

희사(喜捨)는 勢至(대세지보살)라 이름하며,

능히 청정함(能淨)은 곧 석가(釋迦)요,

평등과 정직(平直)이 곧 미타(彌陀)라,

남과 나를 분별함(人我)은 수미산(須彌山, 크고 높은 장애)이요,

삿된 마음(邪心)은 바닷물(苦海)이며,

번뇌(煩惱)는 물결(波浪)이요,

독해(毒害, 독한 해타지심)는 악룡(惡龍)이며,

허망함(虛妄)은 귀신(鬼神)이요,

진로(塵勞, 먼지처럼 지저분한 속세의 헛된 수고)는 어별(魚鼈, 바다
생물의 총칭으로서 유익함이 없음을 의미함)이며,

탐심과 성내는 마음(貪瞋)은 지옥(地獄)이요

어리석음(愚癡)은 축생(畜生)인 것이니라.

선지식이여!

항상 십선(十善)을 행하면 바로 천당에 이르고,

남과 나를 분별치 않으면 수미산이 무너지며,

삿된 마음을 버리면 바닷물이 마르고,

번뇌가 없으면 물결이 자며,

독해를 없애면 악룡이 절멸되나니,

스스로의 마음땅 위에서 자성을 깨달은 여래가 대광명을 놓아

밖으로 비추면(外照) 六門(눈·귀·코·혀·몸·뜻)이 청정하여 능히 육욕제천(六欲諸天)을 부수며,

자성 내에 비추면(自性內照) 삼독(三毒)이 곧 없어져서 지옥 등 죄가 일시에 녹아버릴 것이니,

이렇게 안과 밖이 모두 밝아서 뚜렷하면 곧 서방정토와 다르지 않은지라,

만약 이렇게 닦지 않으면 어떻게 그곳에 갈 수 있으리오?』하셨다.

대중이 이 설법을 듣고서 모두 제 성품을 보고 함께 절하면서 찬탄하

여 말하기를

「참으로 거룩하옵니다」. 「보원하옵나니, 법계의 중생이 이 말씀을 듣고서 모두 함께 깨치어지이다」하였다.

대사께서 또 말씀하시기를

『선지식이여!

만일 수행하려면 집에 있더라도 되는 것이니 반드시 절에 있어야만 하는 것이 아니니라.

집에 있으면서 능히 수행하면 동방 사람이 마음 착한 것과 같고,

절에 있으면서 닦지 않으면 서방 사람이 마음 악한 것과 같으니

다만 마음만 청정하면 곧 이것이 자성(自性)의 서방정토이니라

但心淸淨 卽是自性西方』하셨다.

위공이 또 여쭙기를 「집에 있으면서 수행하려면 어떻게 해야 하오리까?」하니

대사께서 말씀하시기를

『내가 대중과 더불어 **무상송(無相頌)**을 지으리니

다만 이대로 닦으면 항상 나와 함께 있는 것과 다름없으나

만일 이렇게 닦지 않으면 머리를 깎고 출가하더라도 도(道)에 유익함이 없으리라』하시고 다음 게송을 설하셨다.

마음이 평등한데 따로 무슨 계를 지키며	心平 何勞持戒
행실이 바른데 어떤 참선수행 필요 있나,	行直 何用修禪
은혜 알아 어버이께 효도하고	恩則親養父母
의리 지켜 상하 서로 아껴주세.	義則上下相憐
사양한즉 존비 서로 화목하고	讓則尊卑和睦
인내하면 모든 악 사라지리,	忍則衆惡無선

만일 나무 비벼 불 얻듯 하면 若能鑽木出火
틀림없이 진흙에서 붉은연꽃 피리라. 淤泥定生紅蓮

입에 쓴 것이 좋은 약이며 苦口的是良藥
충성된 말 귀에 필시 거슬리는 법, 逆耳必是忠言

흠 고치면 반드시 지혜 나고 改過必生智慧
흠 감추면 그 마음 옳지 않네. 護短心內非賢

언제든지 넉넉히 행하여라 日用常行饒益
道의 성취 재물 베품에 있지 않네 成道非由施錢

'보리'는 '마음에서 찾는 것', 菩提只向心覓
쓸데없이 밖을 향해 구하리오? 何勞向外求玄

설법 듣고 이대로만 닦아가면 聽說依此修行
천당이 눈 앞에 있으리라. 天堂只在目前

대사께서 또 말씀하시기를

『선지식이여!

　모두 반드시 이 게송대로 닦는다면 자성을 보아서 바로 불도를 이루리라.

　법은 기다려주지 않나니 모두들 그만 해산하라.

　나는 조계(曹溪)로 돌아가리니 의문나는 것이 있거든 와서 물으라』하셨다.

　자사관료들과 함께 모인 선남신녀(善男信女)들이 각기 깨달음을 얻고, 믿음으로 받들어 행하니라.

육조대사가 주석했던 광효사의 보리수.

만약 법의 뜻을 알지 못하면

저만 잘못되면 오히려 다행하나
다른 사람까지 권하여서 잘못되게 하며
또 제가 스스로 어두워서 보지 못하고는
부처님 경전을 비방까지 하게 되나니,
그런 까닭에 '무넘' 을 세워서
'종' 을 삼은 것이니라.

정혜품(定慧品)

대사께서 대중에게 보여 이르시되

『선지식이여!

나의 이 법문은 정혜(定慧)로써 근본을 삼나니,

대중은 모르고 정(定)과 혜(慧)가 다르다 하지 말라.

'정'과 '혜'는 하나이고 둘이 아니니 定慧一體 無是二,

'定'은 慧의 본체(本體)요

'慧'는 定의 작용(作用)이라,

곧 慧일 때에 定이 慧에 있고,

곧 定일 때에 慧가 定에 있나니,

만일 이 뜻을 알면

곧 이것이 정과 혜를 같이 배우는 것(定慧雙修)이니라.

모든 도를 배우는 사람은 먼저 정(定)이 있고서 혜(慧)가 발(發)한다 거나 먼저 혜가 있고서 정이 발한다거나 하여 각각 다르다 하지 말라.

이러한 견해(見解)를 가지는 자는 법에 두 모양(二相)을 둠이라

입으로는 착한 말을 하면서 마음은 착하지 않음이니,

공연히 정혜가 있다고 하나 정과 혜가 같지 않은 것이며,

만일 마음과 입이 함께 착하면, 안과 밖이 한가지라, 정과 혜가 곧 같은 것이니라.

스스로 깨달아서 닦아 나감에는 논쟁(諍)이 있을 수 없나니,

만일 정과 혜의 先後를 다툰다면 곧 어리석은 사람과 한가지라

승부(勝負)가 끝이 없어

도리어 '나'와 '대상'이라는 분별심(我法)만 늘어서

사상(四相, 我相·人相·衆生相·壽者相)을 벗어나지 못하니라.

선지식이여!

정혜가 무엇과 같은가, 마치 '등(燈)'과 '등불빛' 같나니,

등불이 있으면 빛이 있고 등불이 없으면 빛이 없는 것이라,

등은 이 빛의 본체요 빛은 이 등의 작용이므로

등과 불빛이 이름은 비록 다르나 본체는 같은 하나인 것처럼

정과 혜도 이와 같으니라』하셨다.

대사께서 대중에게 보이시기를

『선지식이여!

일행삼매(一行三昧)라는 것은

어떠한 곳에서나 가고 멈추고 앉고 눕고 간에 **항상 곧은 마음을 쓰는 것이니** 一行三昧者 於一切處 行住坐臥 常行一直心 是也,

그러므로 '정명경(淨名經)'에 말씀하시기를, 「**곧은 마음이 이 도량이며, 곧은 마음이 이 정토라** 直心是道場 直心是淨土」하시니라.

마음으로는 아첨하고 굽은 짓을 하면서 입으로는 곧은 체하며,

입으로는 일행삼매를 말하면서 마음은 곧지 않게 하지 말라.

다만 곧은 마음으로 행하여서 모든 것에 끄달리지 말 것이니

但行直心 於一切法 勿有執著

모르는 사람이 법상(法相, 모든 것의 겉모양)에 걸리어서 일행삼매를 가리켜 말하기를, "항상 움직이지 않고 앉아서 망념이 마음에서 일어나지 않는 것"이 곧 이 일행삼매라 하나니

이렇게 이해하면 곧 無精(마른 나무와 같이 목숨 없는 것)처럼 되어서 도리어 도를 막는 인연이 되나니라.

선지식이여!

道란 모름지기 통하여 흐르게 하는 것이거늘

어찌 도리어 막히게 할까보냐.

마음이 어느 것에도 걸리지 않으면   心不住法

도가 곧 통하여 흐르고   道卽通流,

마음이 만약 무엇에 걸리어 있으면　　心若住法

이것은 스스로 얽매임이라　　　　名爲自縛,

만일 항상 앉아서 움직이지 않음이 옳다고 말한다면

저 사리불(舍利佛)이 숲속에 가만히 앉아 있다가 유마힐(維摩詰)에게 도리어 꾸지람을 들음과 같으니라.

선지식이여!

또 어떤 사람은「앉아서 마음을 살피면서 고요히 관하여, 마음이 움직이지도 않고 일어나지도 않게 함(坐看心觀靜 不動不起)이 공(功)이 된다」고 가르치나

이것은 어두운 사람(迷人)이 알지 못하여 도리어 뒤집힌 생각이라,

이러한 자들이 적지 않아 서로서로 가르치나니 이는 크게 잘못된 것임을 알지니라』하셨다.

선지식이여!

정혜(定慧)는 무엇과 같으냐? 마치 '등'과 '등불빛'과 같아서

등이 있어 빛이 있고 등이 없으면 어둡나니

등은 이 빛의 '체(體)'요 빛은 등의 '용(用)'이니

이름이야 비록 두 가지이나 몸은 본래 하나이니

이 정혜법(定慧法) 또한 이와 같나니라.

선지식이여!

본래 바른 가르침(正敎)에는 돈(頓, 빠름)과 점(漸, 차츰)이 없건만

사람의 근기에 예리함과 우둔함이 있어서

우둔한 사람은 차츰 올라가고,

98

예리한 사람은 한몫 닦는 것이지만,

스스로 본심을 알고 스스로 본성을 보면 곧 차별이 없는 것이라,

그러므로 돈(頓)이니 점(漸)이니 하는 것은 가명(假名)을 세운 것이
니라.』

선지식이여!

나의 이 법문은 위로부터 내려오면서 먼저 '무념(無念)'을 세워서
'종(宗)'을 삼고

'무상(無相)'으로 '체(體)'를 삼고

'무주(無住)'로 '본(本)'을 삼나니

'무상(無相)'이란 '상(相)에서 상(相)을 떠남'이요,

'무념(無念)'이란 '염(念)에서 염(사념과 망념)이 없음'이요,

'무주(無住)'란

다른 사람의 본성(本性)이 선하거나 악하거나 좋거나 밉거나

또는 원수거나 친하거나 '(상관치 않으며)',

또한 험한 말로 자극하거나 기망하고 다투려 할 때에도

'다 모두 헛됨(空)으로 돌려서 똑같이 되갚아 주거나 해할 것을 생각하지 않음(不思酬害)'이라,

생각과 생각 사이에 앞선 경계(境界)를 생각하지 말 것이니

만약 앞선 생각과 지금 생각과 뒷생각이 연신 잇달아서 끊어지지 않으면 이것이 얽매임이니라 (前念 今念 後念 念念 相續不斷 名爲繫縛).

'모든 법 위에 생각이 머물지 않으면' 곧 '얽매임이 없는 것'이라(於諸法上 念念不住 卽無縛也),

이것이 '무주(無住)'로써 '근본'을 삼음이니라.

선지식이여!

'밖으로 모든 상(相)을 떠나면'

이것이 '무상(無相)'이니,

능히 상(相)에서 떠나기만 하면

곧 법체(法體)가 청정한 것이라

이것이 '무상(無相)'으로 '체(體)'를 삼음이니라.

선지식이여!

'모든 경계 위에서 마음이 물들지 않음'을

'무념(無念)'이라 이르나니,

제 생각 위에 항상 모든 경계를 떠나서

경계 위에 마음을 내지 말지니라.

그러나 만약 아무것도 생각하지 않고 모든 생각을 아주 없애 버리면

한 생각 끊어지면서 곧 죽어서 딴 곳에 태어나리니

이는 큰 착각이라

도를 배우는 사람은 명심할지니라.

만약 법의 뜻을 알지 못하면

저만 잘못되면 오히려 다행하나

다른 사람까지 권하여서 잘못되게 하며

또 제가 스스로 어두워서 보지 못하고는

부처님 경전을 비방까지 하게 되나니,

그런 까닭에 '무념'을 세워서 '종'을 삼은 것이니라.

선지식이여!

어찌하여 '무념'을 세워서 '종'을 삼은 것이냐?
다만 입으로만 견성(見性)했다 하면서, 어둔 사람이 경계 위에 생각을 두고

생각 위에 문득 삿된 소견을 일으켜서

여기서 모든 티끌같은 망상(妄想)이 생기나니

자성(自性)은 본래 한 법도 얻을 것이 없거늘

만약 얻은 바 있다 하여 망녕되이 화복(禍福)을 말하면

곧 이것이 티끌같은 삿된 소견이라,

그러므로 이 법문은 '무념'을 세워서 '종(宗)'을 삼은 것이니라.

선지식이여!

무(無)란 무엇을 없이 함이며, 염(念)이란 무엇을 생각함인가?

'무(無)'란 '두 가지 모양(마음과 행동이 서로 다름)이 없고

모든 쓸데없는 망상이 없는 것'이며,

'염(念)'이란 '진여(眞如)의 본성품을 생각함'이니

'진여(眞如)'란 곧 '염(念)의 본체(本體)'며

'염(念)'은 곧 '진여의 작용'이라

진여의 자성(自性)이 생각을 일으키는 것이요,

눈·귀·코·혀가 능히 생각하는 것이 아니라

진여에 성품이 있으므로 생각이 일어나는 것이니,

만일 진여가 없다면 눈과 귀머, 소리와 빛이 바로 없어지리라.

선지식이여!

진여의 자성에서 생각을 일으키면

육근(六根, 눈 · 귀 · 코 · 혀 · 몸 · 뜻)이 비록 보고 듣고 깨닫고 알
더라도

모든 경계에 물들지 않고

참 성품이 항상 자재(自在)하리니,

그러므로 경(維摩經)에 말씀하시기를,

모든 법상(法相)을 능히 잘 분별하되

제일의(第一義)에 있어서는 움직임이 없다 하셨느니라.」

남화선사의 육조대사 기념비.

본성품은 저절로 청정하며

스스로 안정한 것이건만,
다만 경계를 보고서 경계를 생각하므로
곧 산란하게 되나니
만일 모든 경계를 보되
마음이 산란하지 않는다면
이것이 참된 정(定)이니라.

五

좌선품(坐禪品)

대사께서 대중에게 보이시기를

「이 문(圓頓見性門)의 좌선(坐禪)은 원래

마음을 잡음도 아니요

청정함을 잡음도 아니며

또한 움직임도 아니니,

만약 마음을 잡는 것이라면 마음이 원래 망녕된 것이라 알고 보면 마음이란 허깨비(幻)와 같은 것이어서 잡을 데가 없으며,

만일 청정함을 잡는다 하면 사람의 성품이 본래 청정한 것인데 망념(妄念) 때문에 진여(眞如)가 파묻힌 것이니,

다만 '망념만 없으면' 성품이 저절로 청정한 것이거늘

마음을 일으켜서 청정하게 한다 함은

도리어 청정한 망념을 내는 것이 되나니라.

망념이란 것이 (실체란 것이 없어서) 처소(處所)가 없으니 잡는다는 것이 망념이며,

청정함은 형상이 없으니 청정함을 생각하여 공부한다 함은

도리어 청정한데 얽매여 제 본성을 막음이 되나니라,

선지식이여!

만약 움직이지 않음을 닦으려 하거든

모든 사람들을 대할 때 남의 시비(是非, 옳거나 그름)와 선악(善惡, 좋거나 나쁨)과 과환(過患, 지나치거나 모자람)을 보지 말지니

이것이 곧 자성의 움직이지 않음이니라.

선지식이여!

미혹한 사람은 몸은 비록 움직이지 않으나

입을 열면 문득 남의 시비(是非) 장단(長短)과 좋고 나쁨(好惡)을 말하나니

이는 도를 등지는 것이라

만약 마음을 고집하거나, 청정함을 고집하면 곧 도에 막히는 것이 되리라.」

대사께서 대중에게 보이시기를

「어떠한 것을 '좌선(坐禪)'이라 하느뇨?」

이 법문 중(法門中)에 걸리고 막힘이 없어서

'밖으로는 일체(一切) 선악경계(善惡境界)에 마음과 생각이 일어나
지 않음'이 '좌(坐)'며,

'안으로는 자성을 보아 움직이지 않는 것'이 '선(禪)'이니라.

선지식이여!

무엇을 '선정(禪定)'이라 하는가?

'밖으로 상(相, 모양)을 떠남'이 '선(禪)'이며,

'안으로 산란하지 않음'이 '정(定)'이니,

밖으로 만일 상에 걸리면 안으로 마음이 곧 산란하고

밖으로 만약 상을 떠나면 마음도 따라서 산란하지 않나니라.

본성품은 저절로 청정하며 스스로 안정한 것이건만,

다만 경계를 보고서 경계를 생각하므로 곧 산란하게 되나니

만일 모든 경계를 보되 마음이 산란하지 않는다면

이것이 참된 정(定)이니라.

선지식이여!

'밖으로 상(相)을 떠나면' 곧 '선(禪)'이며,

'안으로 산란하지 않으면' 곧 '정(定)'이니,

'외선(外禪)'과 '내정(內定)', 이것이 '선정(禪定)'이니라.

보살계경(菩薩戒經)에 말씀하시기를 「"내 본성품이 원래 스스로 청

정하다"」하셨으니,

선지식이여!

생각생각에 스스로 본성(本性)의 청정함을 보아서, 스스로 닦고 스스로 행하여, 스스로 불도를 이루도록 할지니라」하셨다.

육조 혜능대사의 진신(眞身).

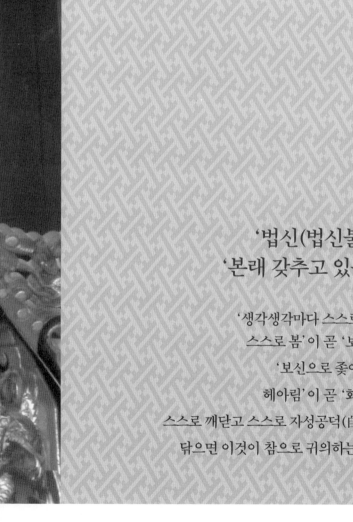

'법신(법신불)'이란
'본래 갖추고 있음'이요

'생각생각마다 스스로의 성품을
스스로 봄'이 곧 '보신불'이요
'보신으로 좇아 생각하고
헤아림'이 곧 '화신불'이라
스스로 깨닫고 스스로 자성공덕(自性功德)을
닦으면 이것이 참으로 귀의하는 것이니라.

참회품(懺悔品)

그때 대사께서 광주(廣州) 소주(韶州)를 비롯하여 사방에서 여러 사람들이 법을 들으려고 모인 것을 보시고 자리에 오르셔서 대중에게 고하여 말씀하시기를,

『잘 왔도다 모든 선지식들이여!

이 일(此事, 자기 본성품을 보는 일)은 모름지기 자성중(自性中)으로 좋아서 일으킬 것이니,

어느 때든지 생각생각에 그 마음을 맑혀

스스로 닦고 스스로 행하며

자기의 법신을 보고

자심(自心)의 부처를 보아

스스로 건너고 스스로 조심해야만 되리라.

이미 먼데서들 와서 이곳에 모였으니 모두 다 인연이 있는지라, 이제 각각 꿇어 앉아라.

먼저 자성의 "오분법신향(五分法身香)"을 전하고, 다음으로 "무상참회(無相懺悔)"를 주리라」 하셨다.

대중이 꿇어 앉으니 대사께서 말씀 하시기를

「一은 계향(戒香)이니,

즉 제 마음 가운데에 그름이 없고 악함이 없고 질투가 없고 탐심과 진심이 없고 겁해(劫害)가 없는 것을 계향이라 하며,

二는 정향(定香)이니,

즉 모든 좋고 나쁜 경계를 보되 제 마음이 산란하지 않음을 정향이라 하며,

三은 혜향(慧香)이니,

제 마음에 걸림이 없어서 항상 지혜로써 제 성품을 비춰보고 모든 악을 짓지 않으며, 비록 많은 선(善)을 닦더라도 마음에 담아둠이 없으며, 위를 공경하고 아래를 생각하며 외롭고 가난한 이를 불쌍히 여김을 혜향이라 하며,

四는 해탈향(解脫香)이니,

즉 제 마음에 반연(攀緣)이 없어서 선(善)도 생각지 않고 악도 생각지 않으며 자유자재하여 걸림없음을 해탈향이라 하며,

五는 해탈지견향(解脫知見香)이니,

제 마음에 이미 선과 악에 걸림이 없으나 공(空)에 빠져서 고요함만 지키면 옳지 않으니

모름지기 널리 배우고 많이 듣되 제 본심을 알고 부처님의 이치를 통달하며,

빛에 화합(和)하고 사물(事物)에 접(接)하되 나도 없고 남도 없어서 바로 보리(菩提)에 다다라서 참성품이 변치 않는 것을 해탈지견향이라 하나니,

선지식이여!

이 향은

각기 스스로 안에서 피울 것이요

밖에서 찾을 것이 아니니라.

『이제는 너희들에게 "무상참회(無相懺悔)"를 주어

삼세(三世)의 죄과를 없애고

三業(몸身과 말口과 뜻意으로 지은 세 가지 업)을 청정케 하리니,

선지식이여!

각각 나를 따라서 이렇게 말하라.

「"제자들이 앞생각으로부터 지금생각과 뒷생각이 생각마다 미련하고 미혹함에 물들지 않게 하소서. 전부터 지어온 나쁜 짓 미련한 죄를 모두 참회하오니 원컨대 일시에 소멸하여 길이 다시 일어나지 않게 하여 주옵소서!"」

「"제자들이 앞생각으로부터 지금생각과 뒷생각이 생각마다 교만하고 진실치 못한데 물들지 않게 하소서. 전부터 지어온 나쁜 짓, 교만하고 진실치 못한 죄를 모두 참회하오니 원컨대 일시에 소멸하여 길이 다시 일어나지 않게 하여 주옵소서!"」

「"제자들이 앞생각으로부터 지금생각과 뒷생각이 생각마다 질투에 물들지 않게 하소서. 전부터 지어온 나쁜 짓, 질투한 죄를 모두 참회하오니 원컨대 일시에 소멸하여 길이 다시 일어나지 않게 하여 주옵소서!"」

선지식이여!

이것이 '무상참회(無相懺悔)'이니라.

'참(懺)'이란 어떤 것이며, '회(悔)'란 어떤 것인가?

'참(懺)'이란 '지나간 허물을 뉘우침'이니

전에 지은 바 악업이라 할 수 있는 미련한 것, 교만하고 광적인 것, 시기 질투하는 것 따위의 죄를 다 뉘우쳐서 영원히 다시 일어나지 않도록 하는 것이며,

'회(悔)'란 '뒤에 오기 쉬운 허물을 조심하여

다음부터 있을 악업인 미련함과 교만하고 광적인 것과 시기질투 따위 죄를 미리 깨닫고 다 영원히 끊어서 다시는 짓지 않기로 하는 것'이니

이것을 합하여 '참회'라 하나니라.

범부들은 어리석어서 다만 지나간 허물은 뉘우칠 줄 아나

앞으로 있을 허물은 조심할 줄 모르므로

지나간 죄도 없어지지 않고 새로운 죄가 잇달아 생기나니

이러고야 어찌 참회라 할 것이냐?』

선지식이여!

이미 참회하여 마쳤으니

이제는 선지식들과 함께 '사홍서원(四弘誓願)'을 발(發)하리라. 각
각 마음을 바로잡아 잘 들으라.

『제 마음의 수많은 중생들을 건지오리다!

제 마음의 끝없는 번뇌를 끊으오리다!

제 성품의 크고 바른 법문을 배우오리다!

제 성품의 높고 귀한 불도를 이루오리다!』

선지식이여!

여러분들은 어찌하면 **"수많은 중생들을 건진다"** 할 것인가,

이러한 뜻은 혜능이 여러분들을 건진다는 것과 같은 뜻이 아니라 선지식 여러분들의 '마음속의 중생을 스스로 건진다는 말'이니,

이른바 삿되고 미혹한 마음, 들떠있고 허망한 마음, 착하지 못한 마음, 질투하는 마음, 악독한 마음, 이런 마음이 모두 이 중생이라

'각기 제 성품을 스스로 건지는 것'이니 自性自度,

이것이 참으로 건지는 것이니라   是名眞度.

그러면 '어떻게 함이 제 성품을 스스로 건짐'인가?

곧 제 마음속의 사견(邪見)과 번뇌(煩惱)와 우치(愚癡)라는 중생을 '정견(正見)'으로써 건지는 것이니,

이미 '정견(正見)이 있으므로' 반야지(般若智)로 하여금 우치미망

(愚癡迷妄)의 중생을 쳐부숴서 스스로 건지게 되는 것이라,

삿됨이 오면 올바름으로 건지고	邪來正度
미혹(迷惑)이 오면 깨달음으로 건지고	迷來悟度,
어리석음이 오면 지혜로 건지고	愚來智度
악이 오면 선으로 건지나니	惡來善度
이렇게 건지는 것이 참으로 건지는 것이니라	如是度者 名爲眞度.

또 "끝없는 번뇌를 끊는다" 함은

'자성 반야의 지혜로써 허망한 생각등을 없앰'이며(除却虛妄思想心),

또 "크고 바른 법문을 배운다" 함은

'스스로 성품을 보아 항상 바른 법을 행함'이며(須自見性常行正法),

또 "높고 귀한 불도를 이룬다" 함은,

이미 항상 마음을 낮추고 참되고 바르게 행하며(常能下心行於眞正)

미혹함도 떠나고 깨달음도 떠나서 항상 반야(般若)를 내며(離迷離
覺常生般若),

참된 것도 없애고 망녕된 것도 없애면(除眞除妄)

바로 불성을 보리니(卽見佛性)

곧 말 끝에 불도를 성취하여(卽言下佛道成)

'항상 수행(修行)을 생각함'이 원력법(願力法)이니라(常念修行是
願力法).

선지식이여!

이제 사홍서원(四弘誓願)을 발하였으니

다시 선지식들에게 "무상삼귀의계"(無相三歸依戒)를 주리라.

선지식이여!

'깨달음'(覺)인 양족존(兩足尊, 福과 智慧 모두 具足함)께 귀의(歸依)하고,

'올바름'(正)인 이욕존(離欲尊, 바른 법은 욕심을 떠남)께 귀의하고,

'청정함'(淨)인 중중존(衆中尊, 본성품은 세간을 떠나지 않음)께 귀의하여

앞으로는 '깨달음'을 스승으로 삼고

다시는 사특한 마구니 외도(外道)에 의지하지 않을 것을 자성삼보(自性三寶)로써 항상 스스로 증명하게 하라.

선지식에게 권하노니, 자성삼보에 귀의하라!

'부처(佛)'란 깨달음이며,

'법(法)'이란 올바름이며,

'승(僧)'이란 청정함이라,

'제 마음을 깨달음에 귀의하여'

삿됨과 미혹함을 내지 않고, 욕심을 줄이고 만족함을 알아

능히 재물과 색을 떠나면

이것이 '양족존(兩足尊)'이며,

'제 마음을 올바름에 귀의하면'

생각생각에 삿된 견해가 없을 것이며

샷된 견해가 없으면 남과 나를 따지는 일도

탐애(貪愛)에 집착하는 일도 없으리니,

이것이 '이욕존(離欲尊)'이며,

'제 마음을 청정함에 귀의하면'

모든 쓸데없는 것과 애욕(愛欲)의 경계에

자성이 물들지 않으리니

이것이 '중중존(衆中尊)'이라,

만일 이렇게 닦는다면

이것이 '스스로 귀의함'이거늘

범부들이 알지 못하고 낮부터 밤까지 삼귀계(三歸戒)를 받는다 하니 만약 '부처에게 귀의한다'면, "부처가 어디에 있는가?"

만일 부처를 보지 못한다면 무엇을 의지해서 돌아갈 것인가?

'귀의한다'는 말이 도리어 허망할 것이니라!

선지식이여!

각각 스스로 살펴서 마음을 잘못 쓰지 말 것이니

경문(經文)에도 분명히 「"스스로의 부처에 귀의하라(自歸依佛)".」하셨고, 다른 부처에게 귀의하라는 말씀은 없으시니라(不言歸依他佛).

제 부처(自佛)에게 돌아가지 않으면 의지할 곳이 없나니라.

이제 이미 스스로 깨달았거든

각각 모름지기 제 마음의 삼보에 귀의하라.

안으로는 심성(心性)을 고르게 하고(內調心性)

밖으로는 남을 공경하는 것이(外敬他人)

'스스로 귀의함'이니라(是自歸依也).

선지식이여!

이미 스스로의 삼보(自三寶)에 귀의하였으니

다시 각각 마음을 가다듬으라.

내가 '일체삼신(一體三身)의 자성불(自性佛)'을 말하여

너희들로 하여금 '삼신(三身)'을 분명히 보고

스스로 제 성품을 깨닫게 하리니

다 나를 따라서 이렇게 이르라.

「제 색신(自色身)에 있어서 청정법신불(淸淨法身佛)께 귀의하며

제 색신에 있어서 원만보신불(圓滿報身佛)께 귀의하며

제 색신에 있어서 천백억화신불(千百億化身佛)께 귀의합니다」.

선지식이여!

색신은 '집' (舍宅)이라 거기에 귀의한다 할 수 없나니,

지금 말한 삼신불은 제 성품 속에 있어서 세상 사람이 다 가졌건만

제 마음이 미혹하여 안에 있는 성품을 보지 못하고

밖으로 삼신여래(三身如來)를 찾아서

자신중(自身中)에 있는 삼신불은 못 보는 것이니라.

너희들은 들으라!

너희들로 하여금 자신 중에서 자성이 가진 삼신불을 보게 하리라.

이 삼신불은

자성(自性)으로 좇아서 나는 것이요

밖으로 좇아 얻는 것이 아니니,

어찌하여 '청정법신불'인가?

세상 사람의 성품이 본래 청정한 것이라, 만법(萬法)이 자성으로 좇아서 나나니(世人性本淸淨 萬法從自性生)

모든 악한 일을 생각하면 곧 악한 행동이 일어나고(思量一切惡事 即生惡行)

모든 착한 일을 생각하면 곧 착한 행동으로 나타나나니(思量一切善事 即生善行),

이렇게 모든 법이 자성 가운데 있는 것이

마치 하늘이 항상 맑으면 해와 달이 항상 밝으나

구름이 가리면 위는 밝고 아래는 어둡다가

홀연히 바람이 불어 구름이 흩어지면 위아래가 함께 밝아서

모든 것이 다 나타나는 것과 같으니라.

사람들의 들뜬 마음은 저 하늘에 뜬 구름과 같고

밝은 지혜는 저 일월(日月)과 같아서

들뜬 마음만 없으면 지혜가 언제나 밝은 것인데,

밖으로 마음이 경계(境界)에 걸리면

망녕된 생각의 구름이 덮이어 자성의 밝음을 얻지 못하나니,

"만약 선지식(善知識)을 만나 진정(眞正)한 법을 듣고 스스로 미혹과 망념을 걷어내면

안과 밖이 밝게 사무쳐

자성 속에서 만법(萬法)이 다 나타나는 것이라",

견성한 사람은 이런 것이니

이것이 '청정법신불'이니라.

선지식이여!

제 마음으로 제 성품에 귀의하는 것이

참부처에게 귀의하는 것이니,

'스스로 귀의한다 함'은

자성 가운데에 착하지 못한 마음,

질투하는 마음,

아첨하고 굽은 마음,

나를 내세우는 마음,

거짓되고 망녕된 마음,

남을 업신여기는 마음,

남에게 거만한 마음,

사특한 마음과

모든 경우의 착하지 않은 행동을 없이 하고

항상 제 허물을 살피며

남의 좋고 그름을 말하지 않는 것이

이 '스스로 귀의하는 것'이며,

항상 마음을 낮추어

널리 공경하며

성품을 보아 통달해서

다시 걸리고 막힘이 없으면

이것이 '스스로 귀의하는 것'이니라.

무엇을 '원만보신불(圓滿報身佛)'이라 하는가?

비유하면 한 등불이 능히 천년의 어둠을 없애듯이

한 지혜가 능히 만년의 어리석음을 없애나니

지난 것을 생각지도 말고 앞으로 올 것도 생각하지 말아서 생각생각

이 뚜렷이 밝게 하여 스스로 본성(本性)을 보면

　선과 악이 비록 다르나 본성은 둘이 아니니, ‘둘이 아닌 이 성품’이
이름하여 ‘실성(實性)’이며

　‘실성(實性) 가운데 있어서 선(善)과 악(惡)에 물들지 않으면’ 이것
이 ‘원만보신불’이며,

　제 성품에 한 생각 악을 일으키면 만겁(萬劫)의 착한 것은 없어지지
만, ‘한 생각 선을 일으키면 수많은 죄가 다하여서 바로 무상보리(無上
菩提)에 이르나니’

　“생각생각에 스스로 보아 본성을 잃지 않는 것”이 ‘보신불’이니라.

　무엇을 ‘천백억화신(千百億化身)’이라 하는가?

　만약 ‘만법(萬法)을 생각하지 않으면’

　성품이 본래 허공과 같으나,

'한 생각 헤아리면' 변화하는 것이니,

악한 것을 생각하면 지옥(地獄)이 되고,

착한 것을 생각하면 천당(天堂)이 되며

독해(毒害)는 이무기(惡龍)가 되고,

자비(慈悲)는 보살이 되며,

지혜는 높은 경계가 되고,

우치(愚癡)는 낮은 경계가 되나니,

이렇게 자성의 변화가 매우 많아서

미혹한 사람은 알지 못하는 동안에 생각생각에 악을 일으켜 항상 악한 행동만 하게 되나,

'한 생각 선(善)으로 돌이키면(回一念善)'

지혜가 나나니(智慧卽生)

이것이 곧 '자성화신불'이니라.

선지식이여!

'법신(법신불)'이란 '본래 갖추고 있음'이요

'생각생각마다 스스로의 성품을 스스로 봄'이 곧 '보신불'이요

'보신으로 좇아 생각하고 헤아림'이 곧 '화신불'이라

스스로 깨닫고 스스로 자성공덕(自性功德)을 닦으면

이것이 참으로 귀의하는 것이니라.

피부와 근육(皮肉)으로 이루어진 것이 색신이요 이 색신(色身, 肉體)은 '집'과 같은 것이라 '귀의한다' 말할 수 없나니,

다만 자성 삼신(自性三身)을 깨달아 바로 자성불(自性佛)을 알도록 할지니라.

내게 한 무상송(無相頌)이 있으니

만약 능히 외워 가지면 곧바로

그대들이 여러 겁을 쌓아온 미혹한 죄가 한꺼번에 소멸하게 되리라』 하시고

다음 게송을 설하셨다.

어리석은 사람이 福만 닦고 道를 닦지 않으면서

福 닦음을 가지고 道라고 하네,

보시와 공양의 복이 비록 크더라도

마음속 삼악(三惡)은 원래부터 짓고 있음이라.

복을 닦아 죄를 멸하려 한다면

훗날 복은 얻게 되나 죄는 그대로 있나니,

단지 '마음 향해 죄의 인연(罪緣)을 없앰'은

각자 '자성속(自性中)의 진참회(眞懺悔)' 일지라.

'대승진참회(大乘眞懺悔)'를 문득 '깨닫고

바르게 나아가면' 죄가 곧 없으리니,

도를 배움에 '항상 자성을 관(觀)한다면'

바로 모든 부처님과 더불어 같으리라.

우리 조사(祖師)께서 이 법(此頓法)을 전하심은

모두 다 견성(見性)하여 같이 되기 보원하심이니

앞으로 만일 법신을 찾으려면

'모든 것의 상(相)을 떠나 마음을 씻으라(心中洗)'.

스스로 견성함을 힘쓰되 게을리 하지 말라

홀연히 뒷생각 끊어지면 온세상이 편하리니,

대승(大乘)을 깨달아서 견성(見性)하려거든

공손히 합장(合掌)하고 지심으로 구할지니라.

대사께서 말씀 하시기를

선지식이여!

모두 외워 가지라.

이대로 닦아 가면 말 떨어지자(言下에) 바로 성품을 보리니

비록 나와 떨어지기 천리라 하더라도 항상 내 곁에 있는 것과 다름 없으려니와

이 말에 깨닫지 못하면 낯을 서로 대하더라도 천리만큼 먼 것이니

무엇 애써서 멀리 올 게 있겠나?

조심하여 잘들 가라』하시니

대중이 법을 듣고 모두 깨달아 기쁘게 받들어 나가니라.

좌선하는 동화선사의 사부대중.

부처란 깨달음이란 뜻이니,

이것을 넷으로 나누어

깨달음의 지견을 열어 주고(開)　　開覺知見

깨달음의 지견을 보여 주고(示)　　示覺知見

깨달음의 지견을 알게 하고(悟)　　悟覺知見

깨달음의 지견에 들게 함(入)이라,　入覺知見

기연품(機緣品)

대사께서 처음 황매(黃梅)에서 법을 얻으신 후

소주(韶州) 조후촌(曹侯村)에 이르시니 아는 이가 없었다.

그때 유지략(劉志畧)이라는 선비가 있어 예(禮)를 다함이 매우 두 텁더니

지략의 고모로서 '무진장(無盡藏)'이라는 여승이 있어서 항상 '열반 경'을 외우는데

대사께서 잠깐 듣고 곧 그 뜻을 풀어 말씀하시니

그 비구니가 책을 들고 글자를 물었다.

대사께서 대답하시기를 「글자는 모르지만 뜻만은 물어보라」하시니

그는 「글자도 모르면서 어떻게 뜻을 안다고 하시는가?」하였다.

『모든 부처님의 묘한 이치는 글자와 관계가 없는 것이다』하시니

그녀가 놀라고 다르게 여겨 널리 주변사람들에게 이르기를 「저분이 필시 도인인지라 응당히 잘 받들어 모실 것을 청하여야 할 것이라」고 하니

이 말을 듣고 무후(魏武候 또는 晉武候)의 현손(玄孫) 조숙량(曹叔良)과 주민(住民)들이 앞다투어 찾아와서 참례하였다.

그때 **보림사(寶林寺)**라는 옛절이

수말(隋末)에 병화(兵火)로 타버리고 폐허가 되었는데

그곳에 다시 절을 짓고 대사를 모시어 계시게 하자

대사께서 거기 계시기를 九개월 남짓 하였을 때, 또 나쁜 무리들(惡黨)에게 쫓기어 앞산에 피신하시니 그들이 좇아와 산에 불을 놓았다°

그때 대사께서 돌 속에 들어가 난을 모면하시니 그 자리에 지금도 가부좌(跏趺坐)하셨던 무릎의 흔적과 옷자락 자국이 돌에 남아 있으므로

이로 말미암아 그 돌을 '피난석'(避難石)이라고 한다.

대사께서 五祖께서 가르치신 「횟(懷)자 든 고장에서 그치고 횟(會)자 든 고장에서 감추라」하신 것을 기억하시고

이에 따라 그 두 고장에 숨으시니라.

僧 법해(法海)

중 법해(法海)는 소주(韶州) 곡강(曲江) 사람이다.

처음으로 조사께 와서 뵙고 여쭙기를

「"곧 마음이며 곧 부처(卽心卽佛)라 한 뜻을 가르쳐 주소서!"」하니

대사께서 말씀하시기를

『 '앞생각 나지 않음'이 곧 마음이요,　　前念不生 卽心

'뒷생각 없어지지 않음'이 곧 부처며,　　後念不滅 卽佛

'모든 상(相)을 이룸'이 곧 마음이요　　成一切相 卽心

'모든 상을 떠남'이 곧 부처이니라　　離一切相 卽佛

내가 이것을 다 말하자면 끝이 없으리니

내 게송(偈頌)을 들으라』

『즉심을 이름하여 지혜라 하고	卽心名慧
즉불은 곧 정(定)이라 하네	卽佛乃定
정과 혜를 함께 갖춘다면	定慧等持
의중이 청정하리라	意中淸淨
이 법문(法門)을 깨달음은	悟此法門
네 익혀온 성품에 기인함이라	由汝習性
용(用)이 따로 없는 것이니	用本無生
정과 혜를 함께 닦음이 옳으리라	雙修是正』

법해가 이 말에 크게 깨닫고

게송으로서 찬탄하여 말하기를

「"곧 내 마음이 부처인 것을   　即心元是佛

알지 못해 스스로 굽혔었네   　不悟而自屈

내 이제 정과 혜의 원인 알았으니   我知定慧因

쌍으로 닦아서 모든 걸 떠나도다"   雙修離諸物」하였다.

법달선사(法達禪師)

중 법달(法達)은 홍주(洪州) 사람이다.

일곱 살에 출가하여 항상 법화경을 읽더니

조사께 와서 예배하면서도 머리가 땅에 닿지 않았다.

대사께서 꾸짖어 이르시기를『절을 하면서도 머리가 땅에 닿지를 않으니 차라리 절 하지 않음과 다르리오, 네 마음속에 필시 한물건이 있는 모양인데 너는 지금껏 무엇을 익혀 왔느냐?』하셨다.

법달이「법화경을 외워서 이미 삼천 부에 달하였나이다」대답하니,

대사께서 다시

『네가 만일 만 부를 염(念)하여서 경의 뜻을 통하였더라도
그것을 자랑으로 알지 않으면 나와 더불어 함께 갈 수 있으려니와

네가 그 일을 자부(自負)한다면 그것이 모두 허물(過)임을 알지 못하는구나』

내 게송을 들으라.

『절 함은 본래 아만(我慢)을 꺾음인데

어째서 머리가 땅에 닿지 않는가?

아(我)가 있으면 죄가 일어나고

공(功)을 잊으면 복이 한량 없으리라』

대사께서 또 물으시기를,

「네 이름이 무엇이냐」

「법달이라 하옵니다」

「네 이름은 법달(法達)이라고 하나 어떻게 그리 일찌기 법을 통달하였으리오?」하시고는 다시 게송을 설하시되

『네 이제 이름을 법달이라 하나

부지런히 외우기만 하고 아직 쉬지를 못하는구나!

허투로 외움은 소리만이 돌을 뿐

마음을 밝혀야만 보살이라 칭하리라(明心號菩薩).

네게 이제 인연 있기에

너를 위하여 말해 주노니,

다만 부처는 말이 없는 것임을 믿으면 　　但言佛無言

연꽃이 입으로부터 피어나리라」 　　　蓮華從口發

법달이 게송을 듣고 뉘우치며 사죄하여 이르기를

「앞으로는 마땅히 일체(一切)를 겸양하여 공경하오리다.

제자가 **법화경**을 외우긴 하나

경의 뜻을 알지 못하여

항상 의심이 있사오니

화상께서는 광대하신 지혜로써

간략히 경의 뜻을 말씀하여 주소서」하였다.

대사께서 말씀하시기를

『법달(法達)이라, 법은 깊이 통달하였어도 네 마음은 모르는구나.

경에 본래 의심이 없건만

네 마음이 스스로 의심하고 있는 것이니,

너는 이 경을 염송하면서 무엇을 종(宗)으로 삼았느냐?』

법달이 사뢰기를, 「제가 근성(根性)이 어둡고 둔하여 지금껏 다만 문자에 의지하여 염송하였을 뿐이오니 어찌 종취(宗趣)를 아오리까?」

대사께서 이르시기를, 『그러면 나는 글자를 알지 못하니 어디 그 경을 한번 읽어 보아라. 듣고서 너를 위하여 풀이하여 주리라.』

법달이 바로 소리 높여 읽어 내려가다가 '비유품'에 이르자,

대사께서 『이제 그치라』하시고,

이어 말씀하시기를

『이 경은 원래 '인연출세(因緣出世)'로써 '종(宗, 중심취지)'을 삼은 것이니,

비록 여러 가지 비유를 말씀하셨더라도
이를 넘어서는 것이 없느니라.

그러면 무엇을 '인연(因緣)'이라 하는가?

경에 말씀하시기를

"모든 부처님이 오직 '일대사인연(一大事因緣)'으로써

세상에 출현하셨다"고 하셨으니,

'일대사'란 것은 '불지견(佛知見)'인 것이다.

세상 사람들이 밖으로 어두워서 '상(相)'에 걸리고

안으로 미혹하여 '공(空)'에 빠지나니

"만일 능히 상에서 상을 떠나고(若能於相離相)

공에서 공을 떠나면(於空離空)

안과 밖이 함께 어둡지 않으리라(卽是內外不迷)".

이 법을 깨달아 한 생각에 마음이 열린다면

이것이 불지견을 여는 것이니라.

부처란 깨달음이란 뜻이니,

이것을 넷으로 나누어

깨달음의 지견을 열어 주고(開)　　　開覺知見

깨달음의 지견을 보여 주고(示)　　　示覺知見

깨달음의 지견을 알게 하고(悟)　　　悟覺知見

깨달음의 지견에 들게 함(入)이라,　入覺知見

만일 '열어 보임'을 듣고 능히 '알아 들어가서'(若聞開示 便能悟入) 바로 '지견'을 깨닫는다면(卽覺知見) '본래의 참 성품'이 나타나리라 (本來眞性 而得出現).

너는 삼가하여 경의 뜻을 잘못 오해하지 말 것이니

남들이 말하는 '개시오입(開示悟入)'을 보고서

그것은 부처님 지견을 말한 것이어서

우리들 분상에는 맞지 않는 것이라고 하지 말라.

이것은 곧 부처님을 헐뜯고 경전을 비방함이 되나니라.

　모두가 부처인지라 이미 '지견(知見)'을 갖추고 있음이니 어찌 다시 '여는 것(開)'이 소용 있으리오.

　너는 이제 마땅히

'불지견'이란 곧 '네 자신의 마음'이요
달리 따로 부처가 없음을 믿을지니라.

　모든 중생이 스스로 빛을 가리고

　탐애 등 육진(六塵) 경계에 빠져서

　밖으로 끌리고 안으로 흔들리면서

　쫓고 쫓기며 기꺼이 받아들이는 탓에

세존께서 삼매(三昧)로부터 일어나셔서

여러가지로 가르쳐 말씀하시되

'쉴 것'을 권하시고

'밖으로 구하지 말 것'을 가르치셨고

부처와 더불어 둘이 아니므로 '불지견을 열라'고 하시었고

나 또한 모든 세상 사람들에게 권하기를

제 마음속에서 '불지견(佛知見)을 항상 열라'고 하건만

세상 사람들이 마음이 사특하고 어리석어 죄를 짓고

입으로는 선(善)을 말하나 마음으로는 악(惡)을 생각하여

탐심 · 진심 · 질투 · 아첨 · 아만 따위로

남을 해하고 물건을 침범하여 스스로 '중생지견(衆生知見)'을 여나니,

만약 능히 마음을 바르게 하여 항상 '지혜(智慧)'를 내어서 제 마음을 관조(觀照)하여 악을 그치고 선을 행한다면

이것이 스스로 '불지견을 여는 것'이니

너는 반드시 생각생각에 '불지견을 열고'

'중생지견'을 열지 말도록 하여라.

'불지견을 열면' 곧 이것이 '출세간(出世間)'이요

'중생지견을 열면' 곧 이것이 '세간(世間)'이니라.

네가 만일 그 동안 애쓴 것을 대단하다고 여겨

그것으로 공과(功課)를 삼는다면

모우(이 소는 꼬리털이 매우 좋아 그 꼬리털을 탐내는 사람의 손에 죽게 됨)가 꼬리를 사랑하는 것과 무엇이 다르랴?」하시니,

법달이 다시 여쭙기를

「그러면 뜻만 알면 수고로이 외우지 않아도 좋습니까?」하니,

대사께서 말씀하시기를

『경에 어찌 허물이 있어서 네가 염송함을 막겠느냐. 다만 막히고 열림이 사람에게 있고 손해됨과 이익됨이 내게 달렸으니,

'입으로도 외우고 마음으로도 행하면'(口誦心行)

이것이 곧 '경을 굴리는 것'이요(卽是轉經),

'입으로는 외우되 마음으로는 행하지 않으면'(口誦心不行)

이는 '경으로 하여금 굴리움을 받는 것'이니라(卽是被經轉).

내 게송을 들으라!

『마음이 어두우면 법화(法華經)에 굴리움을 받고   心迷法華轉

마음이 밝으면 법화를 굴리나니   心悟轉法華

오래도록 염송하나 그 뜻 모르면   誦經久不明

경의 뜻이 오히려 원수(怨讐) 되리니,   與義作讐家

무념으로 염함이 바른 것이요   無念念卽正

유념으로 염함은 삿된 것이나,   有念念成邪

유념 무념 모두를 안 따진다면   有無口不計

흰소수레(白牛車) 길이길이 타고 다니리.』   長御白牛車

법달이 게송을 듣고 크게 깨달아 저도 모르게 눈물을 흘리면서 여쭙

163

기를

「법달이 실로 지금껏 법화를 굴리지 못하고 법화에 굴림을 입었나이다.」하고

또 여쭙기를

「경에 말씀하시기를 『"모든 대성문(大聲聞)과 대보살(大菩薩)들 모두가 생각을 다하여 헤아려도 부처님의 지혜(佛智)를 알 수 없다"』하셨거늘,

이제 **범부로 하여금 '제 마음만 깨달으면 바로 그것이 불지견이라'** 하시니, 스스로 상근기(上根)가 아니고는 의심하고 비방함을 면치 못하겠나이다.

또한 경에 세 수레(三車)를 말씀하셨는데, **양(羊)과 사슴(鹿)의 수레가 흰소(白牛)수레와 어떻게 다르옵니까?** 원컨대 화상께서는 다시 열어보이소서」하였다.

대사께서 말씀하시기를

『경의 뜻이 분명하거늘 네 스스로 어리석어 등진 것이다.

모든 삼승인(三乘人, 聲聞·緣覺·菩薩)들이 능히 '불지(佛智)'를 알지 못하는 것은 그 원인이 '헤아림'에 있나니, 아무리 생각을 다하고 추측해본들 점점 더 어렵고 멀어질 뿐이니라.

부처님께서 본디 '범부를 위하여 설하셨고' 부처를 위하신 것이 아니니,

이 이치를 분명히 믿지 않는다면

저 5천 비구와 같이 자리에서 물러가

오히려 '흰소수레 위에 앉아있으면서 다시 문 밖의 세 수레를 찾는 것임'을 모르는 것이니라.

하물며 경문에 분명히 이르시기를

「"오직 한 불승(佛乘)뿐이요 다른 二乘도 三乘도 없다".」하셨고,

"무수한 방편과 허다한 인연 비유의 말씀이

모두 한 불승을 위함이라!" 하셨거늘, 네 어찌 알지 못하는가?

"세 수레(三車)는 거짓(假, 임시방편)이라 예전을 위함이요,

일승(一乘)은 진실(實)이라 지금을 위함임을!"

"다만 네게 假를 버리고 實로 돌아올 것을 가르쳤으나

실지로 돌아온 뒤에는 실지라는 이름도 또한 없느니라!"

마땅히 알아라!

모든 보배와 재물이 다 네게 속하여서 네 마음대로 쓰되

父(佛)니 子(衆生)니 하는 생각도 할 것이 없으며,

또한 쓴다는 생각도 할 것이 없음을 알면

이것이 '법화경을 수지함'이라(是名 持法華經),

겁과 겁에 이르도록 손에 책을 놓지 않고

낮부터 밤까지 염(念)하지 않는 때가 없는 것이 되느니라』
  법달이 깨우침을 입고 뛸 듯이 기뻐하면서 게송으로써 찬탄하여 말
하기를,

「경 외운 것 三千 부가	經誦三千部
조계일구(曹溪一句)에 없어졌네,	曹溪一句亡
출세한 뜻 모른다면	未明出世旨
미친 짓을 어찌 쉬리.	寧漱累生狂
양·사슴·소는 방편인데	羊鹿牛權設
처음과 중간 뒤에 드날렸네.	初中後善揚
누가 알리오! 이 화택(火宅) 속이	誰知火宅內

원래부터 법왕(法王)의 처소임을 」　　元是法中王

대사께서 말씀하기를 「네가 이제부터는 경을 염(念)하는 중이라고 할만하다」하셨다.

법달이 깊은 뜻을 안 뒤에도 경을 염송함을 쉬지 않았다.

지통선사(智通禪師)

중 지통(智通)은 수주(壽州) 안풍(安豊)사람이다. 처음에 '능가경'을 약 천여 번이나 보았으되, 삼신(三身)과 사지(四智)를 이해 못하여 대사께 찾아와 절하고 그 뜻을 여쭈었다.

대사께서 말씀 하시기를

『청정법신(淸淨法身)은 '네 성품(性)'이요,

원만보신(圓滿報身)은 '네 지혜(智)'이며

천백억화신(千百億化身)은 '네 행동(行)'이라

'만일 본성품(本性)을 떠나서 따로 삼신(三身)을 말한다면'

'몸은 있으나 지혜는 없는 것'이며,

'만일 삼신에 따로 제 성품이 없음을 깨닫는다면'

곧 이름하여 "사지보리(四智菩提)"라 하리라!』

내 게송을 들으라! 하시고 말씀하시길

자성(自性)에 삼신(三身)을 갖추었나니

발명(發明)하여 사지(四智)를 이룸이로다,

보고 듣는 반연을 떠나지 않되

초연히 불지(佛地)에 오름이로다.

내 이제 너를 위해 말해 주노니

믿어서 다시는 헤매지 말라,

'밖으로 달리어 구하는 자들이

온종일 지껄이는 보리(菩提)를' 배우지 말라.」

지통이 또 여쭙기를 「사지(四智)의 뜻을 말씀하여 주시겠나이까?」
하니

대사께서 말씀하시기를

『이미 삼신(三身)을 알았다면 바로 사지(四智)도 알 것인데 무얼 다
시 묻느냐? 만일 삼신을 떠나서 따로 사지를 말한다면 이것은 지(智)

는 있으나 신(身)은 없는 것이니, 이 지(智)가 있다는 것이 도리어 지(智)가 없는 것이 되리라.』

다시 게송을 설하시기를

대원경지(大圓鏡智) 성품이 청정하고,　　　　　大圓鏡智 性淸淨

평등성지(平等性智) 마음에 병이 없고,　　　　　平等性智 心無病

묘관찰지(妙觀察智) 공(功) 아님을 보며,　　　　　妙觀察智 見非功

성소작지(成所作智) 원경(圓鏡)과 같음이로다.　　成所作智 同圓鏡

五八과 六七이 果와 因으로 굴러가되　　　　　五八六七 果因轉

실성은 없고 다만 말로 이름한 것일 뿐　　　　無實性 但用名言

만약 반연하는 곳에 뜻을 두지 않으면　　　　若於轉處 不留情

끊임없이 일어나는 곳이 '나가정' 일세.」　　　繁興永處 那伽定

지통이 듣고 깨달아, 드디어 게송을 지어 올리니

「'三身'이 원래 '내 몸'이요,　　　　　　三身元我體

'四智'가 본디 '마음의 밝음' 일세,　　　四智本心明

身과 智가 통하여 걸림 없으니　　　　身智融無礙

事物에 응할 때도 자유로이 형상을 따르네　應物任隨形

닦는다 하는 것 모두다 망동(妄動)이며　起修皆妄動

지키고만 있는 것도 참된 것 아니로다　守住匪眞精

묘한 뜻 밝아짐은 스승의 은덕이니　妙旨因師曉

끝까지 名相에 물들지 않으오리다.」　終亡染汚名

지상선사(智常禪師)

중 지상(智常)은 신주(信州) 귀계(貴溪) 사람이다. 어려서 출가하여 견성(見性)할 것을 뜻에 두더니 하루는 대사를 참례(參禮)하였다.

대사께서 물으시기를

『어디서 왔으며 무엇을 구하려 하는가?』하시니

「제가 요즈음 홍주(洪州) 백봉산(白峰山)에 찾아가서 대통화상(大通和尙)께 뵈옵고 견성성불(見性成佛)하는 법을 배웠사오나 의심을 풀지 못하와 이렇게 멀리 찾아와 예배하오니 부디 화상께서는 자비하신 마음으로 가르쳐 주소서」하였다.

대사께서 말씀하시기를

『저쪽에서 어떻게 말하더냐? 어디 그대로 말해보아라』하시니,

「제가 그곳에 가서 석달이 지나도록 아무런 가르침도 입지 못하여 법을 위한 간절한 마음에 하루 저녁은 혼자 장실(丈室)에 들어가서 청하여 묻기를

『어떠한 것이 제 본심(本心) 본성(本性)입니까?』하니

대통화상의 말씀이 『네가 허공을 보느냐?』하기에

『봅니다』대답하니

『그러면 네가 본 허공에 모양이 있는가, 없는가?』하기에

『허공이 형체(形體)가 없거늘 어찌 모양이 있겠습니까?』하니

『네 본성(本性)이 마치 저 허공과 같아서 한 물건도 가히 볼 수 없음을 알면 이것이 옳게 보는 것이요, 한 물건도 가히 알 것이 없음을 알면 이것이 참으로 아는 것이라.

청황(靑黃)도 장단(長短)도 있을 수 없고, 다만 본원청정(本源淸淨)한 각체(覺體)의 두렷이 밝음을 보면 이것이 견성성불이며 또 여래(如來)의 지견(知見)인 것이다』하였습니다.

제가 이 말을 들었으나 아직도 해결치 못하였사오니 부디 화상께서 열어 보여(開示)주소서」하였다.

대사께서 말씀하시기를,

「그분의 말이 오히려 봄(見)과 앎(知)을 두었으므로 너로 하여금 알지 못하게 한 것이다. 이제 네게 한 게송(偈頌)을 보이리라.」

『한 법도 보지 못하고, 없다(無)는 봄(見)을 두면　不見一法 存無見

뜬 구름이 태양을 가리움과 크게 같고,　　　大似浮雲 遮日面

한 법도 알지 못하고, 공(空)이라는 앎(知)을 두면 不知一法 守空知

도리어 허공에서 번개 침과 다르지 않다　　還如太虛 生閃電

이러한 봄(見)과 앎(知)이 아직도 일어나면　此之知見 瞥然興

그릇된 인식이라, 방편(方便)을 어찌 알리　錯認 何曾解方便

마땅히 한 생각에 그른 것을 제가 알면　汝當一念 自知非

자기의 신령한 빛이 항상 나타나리라』　自己靈光常顯現

지상이 게송을 듣고 마음과 뜻이 확 열리어 게송을 지어 말하길

無端히 知見을 일으키어서	無端起知見
相으로 菩提를 구하였도다,	著相求菩提
한 생각이라도 알았다는 뜻을 두면	情存一念悟
옛적의 미혹함을 어찌 벗어나리오.	寧越昔時迷

제 성품 깨달음의 본원체(本源體)는	自性覺源體
비추어 봄을 따라서 잘못 흐르나니	隨照枉遷流
조사실(祖師室)에 들어오지 아니했던들	不入祖師室
아득(茫然)히 두 곳(見과 知)으로 나아갔으리!」	茫然趣兩頭

지상이 하루는 대사께 여쭙기를

「부처님께서 '三乘法'을 말씀하시고 또한 '最上乘'을 말씀하셨기에 제자가 이것을 알지 못하오니 원컨대 가르쳐 주소서」하였다.

176

대사께서 말씀 하시기를

『너는 "네 본심을 관하고, 바깥 법상(法相)에 끌리지 말아라".

법에는 사승(四乘)이 없건만

사람의 마음이 스스로 차등이 있으니

보고 듣고 외움은 소승(小乘)이요,　　　　　見聞轉誦 是小乘

법을 깨닫고 뜻을 앎은 중승(中乘)이요,　　悟法解義 是中乘

법에 의해 닦아나감은 대승(大乘)이요,　　依法修行 是大乘

만법에 다 통하고 만법을 갖추었으되　　　萬法盡通 萬法俱備

一切에 물들지 않고 모든 法相을 떠나서　　一切不染 離諸法相

하나도 얻은 바 없음을 일러 최상승이라 하니라. 一無所得 名最上乘

『(乘)이란 행(行)의 뜻이요(乘是行義)

입으로 논하는 데 있지 않나니(不在口爭),

너는 모름지기 스스로 닦되(汝須自修)

내게 묻는 것은 그만 두고(莫問吾也),

언제든지 제 성품 제대로만 같게 하여라(一切時中 自性自如)!』하시
니

지상이 절하여 감사하고, 대사께서 세상을 마치실 때까지 항상 모시
니라.

지도선사(志道禪子)

중 지도(志道)는 광주(廣州) 남해(南海)사람이다. 와서 대사께 청하기를 「제가 출가하면서부터 십여 년 동안이나 **열반경(涅槃經)**을 읽었사오나 대의(大意)를 아직 모르오니 원컨대 화상께서는 가르침을 내려주소서」하였다.

대사께서 물으시기를

「네가 어디를 모르느냐?」하시니

「'모든 것이 덧없어 나고 죽는 법이라, 나고 죽음 없애면 적멸(寂滅)함이 낙이라'(諸行無常 是生滅法 生滅滅已 寂滅爲樂)한 여기에 의혹되나이다」하였다.

「"네 어떻게 의혹하느냐?"」하시니

「일체 중생이 다 두 몸(二身)이 있으니,
즉 색신(色身)과 법신(法身)이라.

색신(色身)은 덧없어서 생(生)도 있고 멸(滅)도 있으나,

법신(法身)은 떳떳하여 앎(知)도 없고 깨달음(覺)도 없거늘,

경에는 나고 죽음 없애면 적멸(寂滅)함이 낙(樂)이라 하셨으니 알 수 없나이다.

어느 몸이 적멸해지는 것이며, 어느 몸이 낙(樂)을 받는 것입니까?

만약 색신(色身)이라면

색신이 멸할 때에 사대가 흩어져서 고(苦)일지니

고를 낙이라 할 수 없으며,

만약 법신(法身)이라면

적멸(寂滅)해서 곧 초목와석(草木瓦石)과 같으리니

누가 나을 받습니까?

또 법성(法性)은 이것이 생멸(生滅)의 체(體)요

오온(五蘊)은 생멸의 용(用)이니,

일체(一體)와 오용(五用)이 생멸함이 떳떳한지라.

生한즉 체(體)로 좇아서 용(用)이 일어나고

滅한즉 용(用)을 거두어 체(體)로 돌아감이니,

만약 다시 生한다고 하면

유정지류(有情之類)가 끊어지거나 멸하지 않는 것이며,

만약 다시 生하는 것이 아니라 하면

길이 寂滅로 돌아가서

無情之物과 같은지라.

이렇게 되면 모든 것이 涅槃에 갇혀서
오히려 生할 수 없으리니

어찌 낙(樂)이 있겠나이까?」하였다.

대사께서 말씀하시기를

「네가 釋子(불제자)로서 어찌 외도(外道)의 단(斷)과 상(常)의 사견
(邪見)을 익혀 가지고 최상승법을 논하려 하느냐?

네 말대로 하면 즉 색신(色身) 밖에 따로 법신(法身)이 있고, 생멸(生
滅)을 떠나서 적멸(寂滅)을 구하는 것이며, 또 열반상락(涅槃常樂)을
몸이 있어서 수용(受用)한다 말하니 이것은 생사(生死)를 아끼고, 세
속락(世俗樂)에 탐착(耽著)하는 것이니라.

너는 이제 마땅히 알라!.

모든 어리석은 사람이 '오온(五蘊)의 화합을 인식'하여 '자체상(自體相)'을 삼고,

'일체법(一切法)을 분별'하여 '외진상(外塵相)'을 삼아서 생을 좋아하고 사를 싫어하며,

'생각생각이 변하여 움직이되 꿈과 허깨비임을 모르고',

'잘못 윤회(輪廻)에 빠지면서 상락열반(常樂涅槃)을 오히려 고(苦)로 알고',

종일토록 치달아 구하므로,

부처님께서 이를 불쌍히 여기사 이에 '열반진락(涅槃眞樂)'을 보이셨으니,

'찰나에도 생하는 상(相)이 없고

찰나에도 멸하는 상(相)이 없어서,

다시 생과 멸을 멸할 것도 없으므로

이것이 곧 적멸(寂滅)이 현전(現前)하는 것이라

앞에 나타날 때에 다시 앞에 나타난다는 헤아림도 없나니'

이것이 이른바 '상락(常樂)'이라 이르나니라.

이 낙(樂)은

받는 자도 없고

또한 받지 않는 자도 없나니

어찌 '일체(一體)'니 '오용(五用)'이니 하는 이름이 있으며,

더구나 어떻게 다시 열반의 구속을 말하여 모든 법이 길이 생하지 않는다 할 것이냐?

이건 부처님을 비방하고 법을 헐뜯는 것이니라.」

내 게송을 들으라!

『'위 없는 대열반(大涅槃)은　　　　無上大涅槃

뚜렷히 밝아 항상 고요히 비추건만'　　圓明常寂照

어리석은 범부는 '죽음'이라 하고　　凡愚謂之死

외도(外道)들은 '아주 끊어졌다' 하며　　外道執爲斷

이승을 구하는 사람들은　　　　請求二乘人

'지음 없음'이라 보아　　　　目以爲無作

모두 다 '뜻으로 헤아리는 바'　　盡屬情所計

六十二견해의 근본이라,　　六十二見本

망녕되이 세우는 헛된 이름이　　妄立虛假名

어떻게 참다운 뜻이 있으랴,	何爲眞實義
오직 헤아림에서 벗어난 사람만이	惟有過量人
통달하여 취하고 버림 없으며	通達無取捨
'오온법(五蘊法)을 아는 것'에서	以知五蘊法
'오온 속의 나'에 이르기 까지	及以蘊中我
밖으로 나타나는 여러 모양과	外現衆色像
가지가지 소리들이	一一音聲相
모두 다 허깨비며 꿈인 줄로 알아	平等如夢幻
범부라 성인이라 보지 않으며	不起凡聖見
열반이라는 견해도 없고	不作涅槃解

이변(二邊)과 삼제(三際)가 모두 끊어져   二邊三際斷

모든 근(根)에 응하여 언제나 쓰되   常應諸根用

쓴다는 생각도 일지 않으며   而不起用想

모든 것을 잘 분별하면서도   分別一切法

분별하는 생각 없나니   不起分別想

겁화가 일어나 바다 밑까지 태우고   劫火燒海底

폭풍이 불어서 산끼리 부딪쳐도   風鼓山相擊

참되고 항상한 적멸락만은   眞常寂滅樂

열반상(涅槃相) 그대로 이라,   涅槃相如是

내 이제 힘주어 말 하는 것은   吾今强言說

그대의 삿된 소견 놓게 함이니	令汝捨邪見
그대가 말만을 좇지 않는다면	汝勿隨言解
그대 조금 알았노라 허락하리라」	許汝知少分

志道가 게를 듣고 크게 깨달아 뛸 듯이 기뻐하며 예배하고 물러갔다.

행사선사(靑原 行思禪師)

행사선사(行思禪師)는 길주(吉州) 안성(安城) 유씨(劉氏) 집에 태어
난 사람인데 조계의 법석(法席)이 성화(盛化)함을 듣고 와서 대사께
절하여 뵈옵고 여쭙기를

「마땅히 어떻게 해야만 계급에 떨어지지 않나이까?」 하였다.

대사께서 되물으시기를

「네 지금까지 무엇을 지어왔느냐?」하시니,

「성제(聖諦)도 또한 하지 않았나이다」하였다.

대사께서 다시 「어떠한 계급에 떨어졌는가?」물으시자,

「성제도 하지 않았거늘 어찌 계급이 있사오리까?」하자
대사께서 깊이 그릇으로 여기시고 행사(行思)로 하여금 대중의 머리
에 두셨다.

하루는 行思에게 이르시기를

「너는 마땅히 한 지방의 교화를 맡아서 끊어짐이 없이 하여라」하셨다.

행사가 이미 법을 얻어 길주 청원산(靑原山)으로 돌아가 널리 법을
펴 교화하였으며, 홍제선사라는 휘를 하사받았다.

※ 행사선사의 認號는 弘濟禪師이며 이는 唐의 僖宗이 하사한 賜號이다.

남악 회양선사(南嶽 懷讓禪師)

　회양(懷讓)선사는 금주(金州) 두씨(杜氏)의 아들이다. 처음에 숭산(嵩山) 안(安) 국사를 찾아가니 안 국사가 조계로 가서 물으라 하여 대사께 찾아와 예배하니

　대사께서 물으시기를 「어디서 왔는가?」 하시니,

　「숭산에서 왔나이다」 하였다.

　「어떠한 물건이 이렇게 왔는가?」 하시니,

　「설사 한 물건이라 하여도 맞지 않나이다」 하였다.

　「도리어 닦아서 얻는 것이냐 아니냐?」 하시니
　「닦아서 얻음은 없지 않으나 물들어 더럽혀짐은 없나이다」 하였다.

대사께서 말씀 하시기를

「다만 그 물들지 않는 것이 모든 부처님께서 지키시는 바니,

네가 그러하다면 나도 또한 그러하다.

서천(西天)의 반야다라(般若多羅)가 예언(豫言)하기를

『너의 발밑에서 한 망아지가 나와서 천하 사람을 밟아 죽이리라』했으니,

이 말은 너나 알고 있고 가볍게 말하지 말라」하셨다.

회양이 크게 깨닫고 옆에 모시기를 열다섯 해에 날로 깊고 오묘한 경지에 이르더니, 뒤에 남악으로 가서 크게 선종(禪宗)을 폈다°

※ 般若多羅의 위와 같은 예언은 懷讓선사의 門下에서 馬祖도일선사가 나와서 크게 법을 펼 것을 말한 것이다.

영가 현각선사(永嘉 玄覺禪師)

영가현각(永嘉玄覺)선사는 온주(溫州) 대씨(戴氏)의 아들이다. 어려서부터 경론(經論)을 익혀서 **천태지관(天台止觀)** 법문에 정통하였으며, **유마경(維摩經)**을 보다가 마음자리를 밝혔더니, 대사의 제자 현책(玄策)이 찾아옴을 만나 그와 함께 한바탕 법담(法談)을 주고 받았다.

그런데 그의 말이 조사의 뜻에 맞음을 보고 현책이 묻기를 『**당신의 법사가 누구인가?**』하니

그가 대답하기를 『내가 **방등경론(方等經論)**은 스승이 있어서 배웠으나 뒤에 유마경에서 부처님의 심종(心宗)을 깨닫고는 아직 증명(證明)해 준 분이 없노라』하였다.

현책이 말하기를 『위음왕불(威音王佛) 이전에는 될 수 있으나, 위음왕불 이후에는 스승이 없이 스스로 알았다는 것은 다 천연외도(天然外道)가 된다』하니

『그러면 당신이 좀 나를 위하여 증명하여 달라』하였다.

현책이 말하기를 『내 말은 가볍다. 조계(曹溪)에 육조대사가 계셔서 사방에서 구름처럼 모여와 법을 받으니 만약 가겠다면 동행하리다』하였다.

현각이 드디어 현책과 함께 와서 뵙고, 대사의 둘레를 세 번 돌고 석장(錫杖)을 떨치면서 서있으니,

대사께서 말씀하시기를

「모름지기 사문(沙門)이란 三千위의(威儀)와 八萬세행(細行)을 갖춰야 되거늘, 대덕(大德)은 어디서 왔기에 이렇게 큰 아만(我慢)을 내는가?」하시니

「나고 죽는 일이 크고 덧없음(無常)이 매우 빠르옵니다」하기에

대사께서 말씀하시기를

『어찌하여 '남이 없음'(無生)을 체득치 않으며 '빠름 없음'(無速)을 깨우쳐 알지 않는가?』하시니

「체득한즉 곧 남이 없으며, 깨우쳐 앎에 본디 빠름이 없나이다(體卽 無生 了本無速)」하였다.

대사께서

『참으로 그렇다 如是 如是!』하시니

현각이 비로소 위의(威儀)를 갖추어 예배하고 나서 잠시 후 대사께 하직을 고하였다.

대사께서『도리어 너무 빠르지 않으냐? 返太速乎?』하시니

「본래 움직임이 아니온데 어찌 빠름이 있사오리까? 本自非動 豈有 速耶?」하였다.

『누가 움직임이 아님을 아느냐? 誰知非動?』하시니

「당신께서 스스로 분별(分別)을 내십니다 仁者 自生分別」하였다.

『네가 잘 '무생지의'(無生之意, 남이 없는 뜻)을 얻었구나 汝甚得無生之意』하시니

「남(生)이 없는데 어찌 뜻(意)이랄 것이 있겠습니까? 無生 豈有意耶?」하였다.

『뜻이 없으면 누가 분별하는가? 無意 誰當分別?』하시니

「분별하는 것이 또한 뜻이 아니옵니다 分別 亦非意」하였다.

대사께서 「착하다! 하루 밤이라도 쉬어서 가라」하시니,

이런 연유로 세상 사람들이 그를 '일숙각'(一宿覺)이라 하였다.

뒤에 증도가(證道歌)를 지어서 세상에 성행하였다.

※ 휘호는 無相大師요, 별호는 眞覺禪師이다.

선자 지황(禪者 智隍)

선자(禪者) 지황(智隍)이 처음 五祖께 참례(參禮)하고는 스스로 이르기를

「이미 바르게 받음(正受)을 얻었다」하여 암자에 살면서 좌선만 二十년이나 하였다.

대사의 제자 현책(玄策)이 지방을 돌다가 하삭(河朔)에 이르러 지황의 이름을 듣고 그 암자에 찾아가서 묻기를

「그대는 여기서 무엇을 하는가? 汝在此作什麼?」하니

「정(定)에 드노라」하므로 현책이 묻기를

「그대가 정에 든다 하니 마음을 가지고 드는가 마음이 없이 드는가? 爲有心入耶 無心入耶?

만약 마음이 없이 든다면 뜻이 없는 모든 초목와석(草木瓦石)도 마땅히 정에 들어야 할 것이며,

만약 마음을 가지고 든다면 모든 뜻이 있는 생물(生物)들이 정(定)을 얻어야 할 것이 아닌가?」하니,

「내가 바로 정에 들 때에는 있다 없다 하는 마음이 있음을 보지 않노라」하였다.

「있다 없다 하는 마음을 보지 않는다면 이것은 항상 정에 있는 것인데 어찌 출입(出入)이 있는가? 만약 출입이 있다면 곧 대정(大定)이 아니다(若有出入 卽非大定)」하니,

지황이 대답이 없이 잠잠하게 있다가(良久) 묻기를

「당신의 스승이 누구인가?」하였다.

현책이 「내 스승은 조계의 육조(六祖)이시라」하니

「육조는 무엇으로써 선정(禪定)을 삼는가?」물었다.

현책이 대답하기를

「우리 스승께서 말하시는 선정(禪定)은,

맑고 고요하고 두렷이 밝아서

체(體)와 용(用)이 여여(如如)하며   體用如如,

오음(色受想行識)이 본래 비었고   五陰本空

육진(色·聲·香·味·觸·法)이 있음이 아니며   六塵非有,

나아감도 아니고 들어옴도 아니며   不出不入,

평정함도 아니요, 산란함도 아니며   不定不亂,

선(禪)의 성질이 머무름이 없는지라   禪性無住

선의 고요함을 떠났으며   離住禪寂,

선의 성질이 남(生)이 없는지라   禪性無生

선의 생각 냄을 떠났으므로   離生禪想,

마음이 허공과 같으나   心如虛空

또한 허공 같다 하는 헤아림이 없는 것입니다 亦無虛空之量」하니,

지황이 듣고 바로 와서 대사를 뵈었다.

대사께서 물으시기를 「그대는 어찌 왔는가?」하시니

지황이 지난번 연유를 모두 말씀드렸다.

대사께서 말씀하시기를

『진실로 그 말한 바와 같다.

너는 다만 마음을 허공같이 하되

비었다는 견해(공견空見)에 걸리지 말며,

응하여 씀(應用)에 걸림없이 하여

움직임과 그침을 무심(無心)으로 하며,

범부니 성인이니 하는 생각을 잊고,

能(주체)과 所(객체)가 모두 없어져,

性(內體)과 相(外用)이 여여(如如)하면

정(定) 아닌 때가 없나니라! 無不定時也!』하셨다.

지황이 여기서 크게 깨달으니 그간의 '二十년간 수행으로 얻었다는 생각'이 모두 사라져 버렸다.

그날 밤 하북 사람들이 공중에서 「"지황선사가 오늘에야 도를 얻었도다!"」하는 소리가 나는 것을 들었다.

지황이 절하여 하직하고 다시 하북에 돌아가서 사부대중을 교화하니라.

황매의 의지를 얻은 사람

어느 날 한 중이 대사께 여쭙기를

「황매의 의지(意旨)를 어떤 사람이 얻었나이까?」하니

대사께서 대답하시기를

「불법을 아는 이가 얻었느니라」하셨다.

중이 다시 여쭈니

「화상께서 얻으셨나이까?」하니

「나는 불법을 알지 못한다」하시니라.

방변(方辯)

대사께서 하루는 전해 받으신 옷을 빨으시려 하나 좋은 샘이 없어 절 뒤로 五리쯤 가셔서 산림이 울창한 속에 상서로운 기운이 서려있음을 보시고는

석장(錫杖)을 떨쳐서 땅을 찍으니 샘이 솟구쳐 연못을 이루는지라, 무릎을 꿇으시고 돌 위에서 옷을 빨으시는데

문득 한 중이 와서 예배하며 여쭙기를

「저는 방변(方辯)이라는 서촉(西蜀) 사람이온데, 지난번에 남천축국(南天竺國)에서 달마대사를 뵈었사온데 제게 부촉하여 말씀하시기를『속히 당토(唐土)에 가서 내가 전한 대가섭(大迦葉)의 정법안장(正法眼藏)과 승가리(부처님의 가사)가 육대를 전하여 소주의 조계에 있으니 가서 뵙고 예배하여라』하시기에 이렇게 멀리 와서 뵈옵니다. 원컨대 그 의발을 보여 주소서」하였다.

대사께서 옷을 내어 보이시고 물으시기를

「그대는 지금껏 무엇을 해왔는가?」하시니

「불상 조각(彫刻)을 잘 합니다」하였다,

대사께서 낯을 바로 하시고 「그러면 어디 내 모양을 만들어 보겠느냐」하시니

방변이 망설이다가, 며칠이 지나 대사의 진상(眞像)을 만들어 와서 대사께 바치니 높이 일곱 치인데 아주 정밀하고 오묘한 것이었다.

대사께서 웃으시면서

「"그대는 조각하는 성질만 알고 부처의 성품은 모르는구나"」하시고

손을 뻗치셔서 방변의 이마를 만지시면서 「"길이 천상과 인간의 복밭이 되어라(永爲人天福田)"」하시었다.

대사께서 그 보수로 옷감을 내리시니 방변은 옷감을 세 등분 하여 하나는 상(像)에 입혀 드리고, 다른 하나는 제 몫으로 남겨두고 나머지 하나는 종려나무 막대기에 싸서 입힌 후 땅속에 묻으며

서원하기를 "훗날 이 옷을 얻어 출가하고 이곳에 머무르면서 불사를 다시 일으키리라" 하였다.

와륜선사 게송

어느 중이, 와륜선사(臥輪禪師)라는 이의 게송이라 하면서 외우기를

「와륜이 재주가 있어 백 가지 생각을 능히 끊었네, 경계 대하여도 마음 일지 않으니 날마다 달마다 보리가 자라네」하였다.

대사께서 들으시고 말씀하시기를

「이 게송이 아직 마음자리를 못 밝힌 것이니 만약 그대로 행하면 얽매임만 더해질 것이다」하시고, 한 게송을 보이시니 다음과 같다.

「혜능은 재간이 없어

백 가지 생각을 끊지 않았네,

경계 대하여 마음 자주 나니
보리가 어떻게 자라겠는가?」

동화선사 방장 만행 스님이 3년간 무문관(無門關: 문을 자물쇠로 걸고 용맹정진 하는 좌선) 수행을 했던 동화산 삼성동(三聖洞)에서.

마음 자리에 그른 것이 없으면
자성계(自性戒)요,

마음 자리에 어리석음 없으면
자성혜(自性慧)며,
마음자리에 산란함이 없으면
자성정(自性定)이요,
더하도 않고 덜하지도 않음이
자금강(自金剛)이며,
몸이 왔다 몸이 또 가고 함이
본삼매(本三昧)니라.

돈점품(頓漸品)

六祖대사께서 조계 보림에 계실 때, 신수(神秀)대사는 형남(荊南) 옥천사(玉泉寺)에 있어서 그때 두 종(宗)이 모두 성하였으므로 『남에는 혜능, 북에는 신수』라 하였다. 그래서 남북의 두 종이 돈(頓)과 점(漸)으로 갈라졌으나, 배우는 무리들은 종취(宗趣)를 모르므로,

대사께서 대중에 이르시기를

「법은 본디 한 종(一宗)이나 사람에 남북이 있고, 법은 곧 한가지이나 보는데 더딤과 빠름이 있나니, 어찌하여 돈(頓)과 점(漸)이라 하느

냐? 법에는 돈과 점이 없건만 사람에게 날카롭고 무딤이 있으므로 돈과 점의 이름이 있나니라」하셨다.

그런데 신수의 무리들이 종종 비방하기를

「남종(南宗)의 조사가 한 글자도 모르는데 무에 그리 대단한 게 있으랴」하는 것이었다.

그러나 신수대사는 그 제자들에게 말하기를

「그분은 스승이 없이 얻은 지혜가 있어서 깊이 상승(上乘)을 깨달았으니 나는 그만 못하다」하였고, 또 「우리 스승 五祖께서 친히 그에게 의법(衣法)을 전하셨으니 그것이 어찌 공연한 일이겠느냐? 내가 능히 가서 그와 가까이 못하고, 또 헛되이 국은(國恩)만 받고 있는 것이 한(恨) 되니 너희들은 될 수 있으면 여기 지체하지 말고 조계에 가서 배우도록 하라」고도 하였다.

하루는 신수대사가 그 문인(門人) 지성(志誠)에게 명하기를

「너는 총명하고 지혜가 있으니 네가 나를 위하여 조계에 가서 법을 듣고 잘 마음에 기억하였다가 돌아와서 내게 말하여라」하였다.

지성이 명을 받고 조계에 이르러 대중을 따라서 참례하여 듣되 온 곳을 말하지 않았다.

그때 조사께서 대중에게 고하시기를

「지금 이 모임에 법을 훔치러 온 사람이 있구나」하시니,

지성(志誠)이 곧 나와서 절하고 사실을 말씀드렸다.

대사께서 말씀하시기를 「네가 옥천에서 왔으면 필시 염탐군이겠구나」하시니

「아닙니다」하였다

「어째서 아닌고?」하시니

「말씀드리기 전에는 그러하였사오나, 말씀드린 뒤에는 그렇지 않나이다」 하였다.

대사께서 다시 물으시기를

「너의 스승이 어떻게 대중에게 가르치시더냐?」하시니

「항상 가르치시기를, 마음을 머물러 고요함을 관(觀)하고, 노상 앉아서 놓지 말라 하십니다」 하였다.

「마음을 머물러 고요함을 관함은 이것이 병이라 선(禪)이 아니며, 앉기만 하여서 몸을 구속함이 이치에 또한 무엇이 유익하랴.

내 게송을 들으라」

『살아서는 앉아서 눕지 못하고

죽어서는 누워서 앉지 못하니

원래 냄새나는 송장덩이인데

어떻게 무슨 공을 세우겠는가』

지성이 듣고 재배하며 말씀드리기를

「제자가 신수대사 처소에서 도(道) 배우기를 九年이나 하였으되

깨달음을 얻지 못하였더니,

이제 화상의 한 말씀을 들으니 문득 본마음에 맞나이다.

제자 나고 죽는 일이 크오니

화상께서 대자비로써 다시 가르쳐 주옵소서」하였다.

대사께서 말씀하시기를

「들으니 너의 스승이 계정혜(戒定慧)법을 가르친다 하니 너의 스승

이 설하는 계정혜가 어떠한 것인지 내게 한번 말하여 보아라」하셨다.

지성이 말씀드리기를

「신수대사의 말씀에 모든 악을 짓지 않는 것이 계(戒)며, 모든 선(善)을 받들어 행함이 혜(慧)며, 스스로 그 뜻을 맑힘이 정(定)이라 하옵는데

저기서 설함은 이러하옵거니와 화상께서는 어떠한 법으로 사람을 가르치시나이까?」하였다.

대사께서 말씀하시기를

「내가 만약 법이 있어서 사람에게 준다 하면 곧 너를 속이는 것이니,

다만 경우를 따라서 얽힌 것을 풀어주는 것을 가명(假名)으로 삼매(三昧)라 할 뿐이다.

너의 스승이 말하는 계정혜는 실로 알 수 없으나 내가 보는 계정혜는 그런 것이 아니다」하셨다.

지성이 다시 여쭙기를 「계정혜는 다만 한가지로 아옵는데 어떻게 다시 다를 수 있나이까?」하니,

대사께서 말씀하시기를

『네 스승의 계정혜는 대승인(大乘人)을 상대하는 것이지만,

나의 계정혜는 최상승인(最上乘人)을 제접(提接)하는 것이라,

깨달아 앎이 같지 않고 보는데 또한 더딤과 빠름이 있나니

내가 말하는 것이 저와 같은가 들어 보아라.

내가 말하는 법은

자성(自性)을 떠나지 않나니,

본체(本體)를 떠나서 설하는 법은 이것이 상설(相說)이라는 것으로서

이로써는 언제나 자성(自性)을 모르는 것이니라.

마땅히 알아라!

'일체 만법이 모두 자성으로 좇아서 일어나는 작용(作用)인 줄'을.

이것이 바로 계정혜이니라.』

내 게송을 들으라.

『마음 자리에 그른 것이 없으면 자성계(自性戒)요,

마음 자리에 어리석음 없으면 자성혜(自性慧)며,

마음자리에 산란함이 없으면 자성정(自性定)이요,

더하도 않고 덜하지도 않음이 자금강(自金剛)이며,

몸이 왔다 몸이 또 가고 함이 본삼매(本三昧)니라.』

지성이 게송을 듣고 뉘우쳐 감사하면서 한 게송을 바치니

「오온(五蘊) 허깨비 몸이여

허깨비가 어찌 끝이 있으리,

다시금 진여(眞如)로 나간다 하면

법을 도리어 더럽힘일세」

대사께서 「그렇다」하시고,

또 말씀하시기를

『네 스승의 계정혜는 작은 근기(根機)에게 권하는 것이요,

내가 말하는 계정혜는 큰 근기에게 권하는 것이니,

만일 자성(自性)을 깨달으면

보리도 열반도 세우지 않으며,

216

또한 해탈지견(解脫知見)도 세우지 않아서

한 법도 얻을 것이 없는 데서

바야흐로 만법(萬法)을 세우나니,

이 뜻을 알면 이것이 곧 불신(佛身)이며,

또한 보리며, 열반이며, 또한 해탈지견이라

견성한 사람은 세워도 되고 안 세워도 되며

가고 옴이 자유로워 막힘도 걸림도 없으며,

경우에 따라서 작용(作用)하고 말에 응하여 대답하여

널리 화신(化身)을 나투되 자성을 떠난 것이 아니니,

곧 자재신통 유희삼매(自在神通遊戲三昧)를 얻은 것이라,

이것의 이름이 견성(見性)이니라』하셨다.

지성이 다시 여쭙기를 「어떠한 것이 세우지 않는 뜻이옵니까?」하니

대사께서 말씀하시기를 ´

『자성에 그름 없고, 어리석음 없고, 어지러움 없어서

생각생각이 반야(般若)로 비춰보며,

항상 법상(法相)을 떠나서 자유자재하면

가로도 세로도 다 통하는 것이니

무엇을 가히 세울 게 있으며,

자성을 스스로 알아

바로 깨닫고 바로 닦아버리면

또한 점차(漸次)가 없으므로

일체 법을 세우지 않아서

모든 법이 적멸(寂滅)하거니

어찌 차제(次第)인들 있겠느냐』하시니,

지성이 절하고 모시고 있기를 원하여 조석으로 게을리 하지 않으니라.

※ 지성은 길주(吉州) 태화(太和) 사람이다.

지철(志徹)

중 지철(志徹)은 강서(江西) 사람이다. 속명(俗名)은 장행창(張行昌)인데 어려서부터 호협한 성격이었다.

남북으로 두 종(宗)이 갈라진 뒤에도 두 종주(宗主)는 비록 이편 저편을 가리지 않으나 그 문인의 무리가 서로 미워하였다.

그때 북종(北宗)의 문인들이 신수대사를 세워서 제六祖를 삼으려 했으나, 조사의 의법(衣法)을 전한 일이 천하에 알려짐을 꺼리어, 행창을 시켜서 六祖대사를 해하게 시켰다.

대사께서 심통(心通)으로 미리 그 일을 아시고 자리 새에 돈 열량을 놓아 두고 기다리셨다.

그날 밤이 깊어서 행창이 장차 조실에 들어와 해를 가하려고 할 때, 대사께서 목을 숙이고 앉아 계시므로 행창이 칼을 세 번이나 휘둘렀으나 조금도 베어지지 않았다.

대사께서 말씀하시기를

『바른 검은 삿(邪)되지 않고, 삿된 검은 바르지 않으니라, 다만 너에게 그 돈은 줄 수 있으되 내 목숨은 네게 맡길 것이 아니다』하시니,

행창이 놀라 쓰러졌다가 한참 만에 깨어나 허물을 뉘우치고는 출가하기를 애원하였다.

대사께서 돈을 주시면서 말씀하시기를

「너는 일단 가거라. 무리들이 너를 도리어 해칠까 염려되니, 다른 날 모양을 바꿔가지고 오면 너를 받아 주리라」하셨다.

행창이 뜻을 받들어 그 밤에 도망하여 다른 곳에서 출가한 후 계행(戒行)을 갖춰서 정진(精進)하다가, 하루는 대사께서 하신 말씀을 기억하고 멀리 찾아와서 절하여 뵈니,

대사께서 말씀하시기를

『내 오랫동안 너를 생각하였는데 네 옴이 어찌 이리 늦었는가?』하셨다.

「그때 화상께서 죄를 사하여 주신 뒤로 출가하여 고행하오나 그 은혜 갚을 길이 없나이다. 오직 법을 전하여 중생을 제도코자 할 따름이옵니다」

「제자가 항상 **열반경**을 보고 있사오나 常과 無常의 뜻을 알지 못하오니 화상께서는 자비로 간략하게 풀어 가르쳐 주옵소서」하였다.

대사께서 말씀하시기를

『'無常'이란 곧 '佛性'이요,

'有常'이란 곧 '일체 선악과 모든 법을 분별하는 마음'이니라』하시니

「화상께서 설하심이 경문과 크게 다름이 있나이다」하였다.

『내가 부처님 심인(心印)을 전하는 것이거늘 어찌 감히 불경과 다르게 이르겠는가?』

「경에는 佛性을 常이라 하셨는데, 화상께서는 도리어 無常이라 하시며

경에는 선과 악의 모든 법과 보리심까지도 無常이라 하셨는데, 화상께서는 도리어 常이라 하시니

이렇게 서로 틀리고 보면 학인(學人)으로 하여금 점점 의혹만 더하게 되나이다」

『열반경은 전에 내가 비구니 무진장에게서 독송하는 것을 한번 듣고 바로 설명해 준 일이 있는데, 한 글자 한 뜻도 경문에 맞지 않은 것이 없었으며 이제 네게 말하여주는 것도 다름이 없느니라』

행창이 다시 여쭙기를

「학인의 앎이 얕고 어둡사오니, 화상께서는 올바르도록 열어 보이소서」하였다.

대사께서 말씀하시기를

『네 아느냐?

불성이 만약 常이라면,

다시 어떻게 善惡諸法을 설하며

또 劫이 다하더라도 끝내 한 사람도 보리심을 발할 사람이 없을 것이니,

그러므로 내가 '無常'이라 함은 부처님께서 말씀하신 '眞常'의 도리이니라.

또 일체 제법이 無常이라 한다면,

즉 물건마다 모두 제 성품이 있어서 생(生)과 사(死)를 받아들이므로

眞常性이 두루하지 못하는 곳이 있으리니,

그러므로 내가 말하는 '有常'이란 바로 이 부처님께서 말씀하신 '참 덧없음(眞無常)'의 뜻이니라.

다시 말하면 부처님께서 저 범부 외도들이 '삿된 항상함'(邪常, 굳고 변화가 없는 것으로 아는 것)에 빠지고,

모든 이승인(二乘人, 聲聞, 緣覺)이 항상함(常)을 덧없음(無常)으로 알아서 함께 여덟 가지 뒤집힘(八倒, 苦를 樂으로 無常을 常으로 無我를 我로 不淨을 淨으로 아는 凡夫四倒와 常을 無常으로 樂을 苦로 我를 無我로 淨을 不淨으로 아는 二乘四倒를 合한 것)을 이루기 때문에,

열반요의교(涅槃了義敎) 속에 그들의 치우친 소견을 없애기 위하여 참항상함(眞常), 참즐거움(眞樂), 참나(眞我), 참청정함(眞淨)을 말씀하셨거늘,

네가 이제 말만 의지하고 뜻을 등져서 '아주 끊어져 없는 덧없음(斷滅無常)'과 '확정된 죽은 항상함(確定死常)'으로써 부처님의 원묘(圓妙)하신 최후의 말씀을 잘못 아니,

그러고야 비록 천 번을 읽은들 무슨 소득이 있겠느냐?』하시니

행창이 홀연히 크게 깨닫고 게송을 바쳤다.

「무상심 지키려 하는 까닭에   因守無常心

부처님은 항상함을 말씀하셨네,   佛說有常性

이것이 방편임을 알지 못하면 　不知方便者

조약돌을 보배라고 줍는 것 같네, 　猶春池拾礫

나 이제 아무 공도 베풀음 없이 　我今不施功

불성이 이렇게 나타났도다, 　　佛性而現前

스승께서 주신 것 아니거니와 　非師相授與

나 또한 얻은 바 없음이로다」　我亦無所得

대사께서 말씀하시기를

「네가 이제는 투철(透徹)하니 마땅히 이름을 지철(志徹)이라 하여라」하시니

지철이 절하여 감사하고 물러가니라.

신회(神會)

한 동자가 있어 이름은 신회(神會)인데 양양(襄陽) 고씨(高)의 아들이다.

나이 열세 살에 옥천에서 와서 대사께 절하거늘,

대사께서 말씀하시기를

『지식(知識)이여, 멀리서 오느라고 수고 하였는데 도리어 근본을 얻어가지고 왔는가, 어떠한가? 만약 근본이 있다면 주인공(主人公)을 알 것이니 어디 한번 말하여 보라』하시니

「머무름이 없는 것(無住)으로써 근본을 삼으며, 보는 것은 곧 주인공입니다」하였다.

『이 사미(沙彌, 어린 중)가 그 다음 말을 할 수 있겠나?』하시니

「화상이 좌선할 제 도리어 봅니까 안 봅니까?」하고 물었다.

대사께서 주장(柱杖)으로 세 번 때리시고 물으시기를

『내 너를 때리니 네 아프냐? 안 아프냐?』하시니

「또한 아프고 또한 아니 아픕니다」하였다.

『나도 또한 보고 또한 아니 본다』하시니

「어떠한 것이 또한 보고 또한 아니 보는 것입니까?」물었다.

『내가 보는 것은 항상 자기 허물을 보고

남의 옳고 그름과, 좋고 나쁨을 보지 않나니

이것이 또한 보고 또한 아니 봄이거니와,

네가 말한 또한 아프고 또한 아니 아프다 함은 어떠한 것이냐?

만약 네가 아프지 않다면 목석(木石)과 같을 것이요,

아프다면 곧 범부라 진심과 원한이 일어날 것이니,

네 그 보고 안 보고 함은 두 변(二邊 : 있는 것, 없는 것)이요,

아프고 안 아프고 함은 생과 멸이니,

네가 자성을 보지 못하였으면서 감히 사람을 조롱하느냐?』하시니

신회가 절하면서 사과하였다.

대사께서 또 말씀하시기를

『네 만일 마음이 어두워서 보지 못하였거든 선지식에게 물어서 길을
찾을 것이요, 만약 마음이 열려서 스스로 견성하였거든 법대로 닦아야
할 것인데,

네 스스로 어두워서 제 마음을 보지 못하고
도리어 내게 보고 안 봄을 물으니 내가 보는 것은 내가 알 것이라,

어찌 너를 대신 모르게 할 것이냐?

그런데 왜 스스로 알려고 하지 않고 내게 보고 안 봄을 묻느냐?』하시니

신회가 다시 백여 배나 절하면서 용서를 빌었다.

그리고 부지런히 모시어 옆을 떠나지 않았다.

대사께서 하루는 대중에 고하시기를

『내게 한 물건이 있으니 머리도 꼬리도 없고, 이름도 글자도 없으며 뒤도 앞도 없는 것이다° 모든 사람은 알겠느냐?』하시니

신회가 나와서 대답하기를

「모든 부처님의 본원이며 신회의 불성이옵니다」하였다.

『내가 네게 이름도 글자도 없다 하였는데, 너는 어찌 본원이니 불성이니 하여 이름을 붙이느냐? 네가 앞으로 어떠한 출세를 하더라도 다만 한낱 지해종도(知解宗徒) 밖에 되지 않으리라』하셨다.

조사께서 열반에 드신 후에 신회가 경락(京洛)에 들어가 크게 조계돈교(曹溪頓敎)를 펴고 현종기(顯宗記)를 지어서 세상에 성행토록 하였다.

대사께서 모든 종파들이 서로 힐난하여 모두 악심을 일으켜 좌하(座下)에 모인 것을 보시고 불쌍히 여겨 이르시기를,

『도를 배우는 사람은 모든 착한 생각과 악한 생각을 응당 다 없앨 것이니라.

이름을 가히 이름할 것이 없이 자성에 이름한 것이니,

둘 아닌 성품이 이 이름이 실성(實性)이며,

실성 위에 일체 교문(敎門)을 세운 것이니

말씀 아래에 문득 스스로 볼 것이니라』하시니

모든 사람이 말씀을 듣고 다 절하면서 스승으로 섬길 것을 청하니라.

남화선사의 육조대사탑비.

네가 만일 심요(心要)를
알고저 하거든

모든 선(善)과 악(惡)에
따져보는 생각이 없으면
자연히 청정심체(淸淨心體)에
들어가게 되어
맑고 고요한 가운데
묘한 작용이 한량 없으리라

九

선조픔(宣詔品)

신룡원년(神龍元年) 상원일(上元曰, 正月十五日)에 측천(則天順聖皇后, 高宗皇后)과 중종(中宗皇帝, 高宗의 七子)이 조서(詔書)로 이르기를,

「짐(朕)이 안 국사(安, 蒿嶽 慧安國師)와 수 대사(秀, 北宗 神秀大師) 두 스승을 청하여 궁중에서 공양하고, 만기(萬機, 나라의 정사)를 보살피는 여가에 매양 一乘을 궁구하고 있거니와

두 스승이 미루어 사양하기를 『남방에 혜능선사가 계셔 은밀히 홍인대사의 의법(衣法)을 받았으며 부처님의 심인(心印)을 전하고 있사오

니 그를 청하여 물어보소서』하기에

이제 **내시(內侍) 설간(薛簡)**을 보내어 조서를 전하고 청하여 맞이하려 하오니 원컨대 스승은 자비하신 마음으로 속히 서울로 올라오소서」하였다˚

(그러나) 대사께서는 표(表)를 올려 병 있음을 이유로 사양하시고 산간에서 여생을 마치기를 원하시니,

설간이 여쭙기를

「경성에 선덕들이 모두 말하기를 "도를 알려면 반드시 좌선하여 정(定)을 익혀야 하고, 만일 선정(禪定)을 통하지 않으면 해탈할 수 없다"하니 스님께서 설하시는 법은 어떠하옵니까?」하였다.

대사께서 말씀하시기를

『道란 마음으로 깨닫는 것이니 어찌 앉는데 있겠느냐,

경에 말씀 하시기를 「만약 여래(如來)를 말하여 앉는다거나 눕는다거나 한다고 하면 이는 사도(邪道)를 행함이니, 왜 그러한가? (여래는)

좇아온 바도 없으며, 또한 가는 바도 없기 때문이니라 (若言如來 若坐 若臥 是行邪道 何故 無所從來 亦無所去)」하셨으니,

　생도 없고 멸도 없음(無生無滅)이 이 여래의 청정선(淸淨禪)이며

　모든 법이 비어서 고요함(諸法空寂)이 이 여래의 청정좌(淸淨坐)라,

　마침내 얻음이 없거니(究竟無證) 어찌 하물며 앉는 것일까 보냐.』하셨다.

　설간이 또 사뢰기를

「제자가 서울에 돌아가면 주상(主上)께서 반드시 물으실 것이오니 원컨대 스승께서는 자비로 심요(心要)를 가르쳐 주시옵소서. 양궁(兩宮)께 아뢰옵고 또 경성의 도(道) 배우는 자들에게 전하여서, 마치 하나의 등불이 백천 개의 등에 불을 붙이듯 어둠에 있는 사람들을 다 밝게 하고 그 밝음이 다함이 없도록 하소서」하였다.

　대사께서 말씀하시기를

『도에는 밝고 어둠이 없나니 밝음과 어둠은 이것이 대사(代謝)하는

뜻이라,

밝고 밝음이 다함이 없다는 것도 또한 다함이 있는 것이니, 서로 상대(相對)하여 세운 이름인 때문이니라.

정명경(淨名經)에 말씀하시기를 「법은 견줌이 없나니 상대(相待)가 없기 때문이다」하셨나니라 法無有比 無相待故.』하셨다.

설간이 또 여쭙기를

「밝음은 지혜에 비유하고 어둠은 번뇌에 비유했으니 도 닦는 사람이 만일 지혜로써 번뇌를 비추어 없애지 않으면 '비롯함이 없는 생사'(無始生死)를 어떻게 벗어나오리까?」하니,

『번뇌 즉 보리라, 둘이 아니며 다른 것이 아니니,

만약 '지혜로써 번뇌를 비춰서 없이 한다'고 한다면

이는 이승(二乘)의 견해라

양(羊)과 사슴(鹿)의 근기(根機)이니

상근대지인(上智大根)은 다 이와 같지 않느니라』하셨다.

설간이 또 여쭙기를

「어떠한 것이 대승의 견해이옵니까?」하니

『밝음(明)과 어둠(無明)을 범부는 둘로 보나

지혜로운 자는 그 성품이 둘이 아닌 것으로 보나니

둘 아닌 성품이 곧 실성(實性)이며 無二之性 卽是實性,

實性은

범우(凡愚)에게 있어서도 줄지 않고

현성(賢聖)에게 있어서도 늘지 않으며,

번뇌(煩惱)에 머물러도 산란하지 않고

선정(禪定)에 있어서도 고요하지 않으며,

끊어짐도 아니요, 항상함(常)도 아니며,

오는 것도 아니요, 가는 것도 아니며,

안이나 밖에 있는 것도 아니요, 또 그 중간에 있는 것도 아니며,

생도 아니요 멸도 아니어서,

성품(性)과 모양(相)이 여여(如如)하여

항상 머물러서 변천(變遷)하지 않는 것을

도(道)라고 하느니라』하셨다.

또 여쭙기를

「스승께서 말씀하시는 『생도 아니요 멸도 아니라』함은 외도(外道)들
이 말하는 것과 어떻게 다르옵니까?」하니

『외도들이 말하는 것은

죽음(滅)을 가지고 남(生)을 막으며,

남(生)을 가지고 죽음(滅)을 나타내는 것이므로,

멸(滅)을 오히려 불멸(不滅)이라 하고,

생(生)을 도리어 불생(不生)이라 하는 것이니,

내가 말하는 것은

본래부터 생(生)이 없으므로 이제 또한 멸(滅)이 없는 것이니

그러므로 외도와 같지 않으니라.

네가 만일 심요(心要)를 알고저 하거든

모든 선(善)과 악(惡)에 따져보는 생각이 없으면

자연히 청정심체(清淨心體)에 들어가게 되어

맑고 고요한 가운데 묘한 작용이 한량 없으리라』하셨다.

설간이 가르치심을 받아 크게 깨닫고 절하여 하직한 후 대궐에 돌아가서 대사의 말씀을 갖추어 아뢰었다.

그해 九월 三일에 대사께 조서가 있기를

「"대사께서 늙고 병들었다 사양하심은 짐(朕)으로 하여금 도를 닦게함이시니 나라의 복밭(福田)이요, 마치 정명거사가 비야리성에서 병을청탁하고 대승을 크게 드날림과 같이, 모든 부처님의 마음을 전하시고둘 아닌 법(不二法)을 말씀하시어, 설간으로 하여금 대사께서 가르치신 여래지견(如來知見)을 전하게 하시니,

짐(朕)의 선(善)을 쌓은 커다란 보람이며 숙세(宿世)에 선근(善根)을

심은 인연으로 대사께서 세상에 나오심을 만나게 되어 바로 상승을 깨달았사오니(頓悟上乘) 대사님의 은혜에 감사할 따름입니다"」하였다

이 조서와 아울러 **마납가사(磨衲袈裟)**와 **수정바리(水晶鉢)**를 바치고 소주자사에 칙명하여 **대사께서 계시던 옛절을 고치고 이름을 '국은사(國恩寺)'**라 하니라.

대사께서 하루는 法海 志誠 法達 神會 智常 智通 志徹 志道 法珍 法如 등 門人들을 불러 모으시고 말씀하시기를,

『너희들은 남들과 다르니 내가 멸도(滅度)한 뒤 각자 한 방면의 스승이 되리라. 내가 이제 너희들에게 법을 설하는 것을 가르치리니 본래 종지를 잃지 않도록 하라.

먼저 모름지기 삼과법문(三科法門)을 들고 삼십육대(三十六對)를 동용(動用)하되, 출입에 양변(兩邊)을 떠나고 일체법을 설(說)함에 자성(自性)을 여의지 말라.

문득 어떤 사람이 너희에게 법을 묻거든 말을 꺼냄에 모두 쌍을 이루도록 대법(對法)을 취하여 오고 감이 서로 원인이 되게 하되, 마침내

는 두 법(二法)을 모두 제거하여 다시는 갈 곳이 없도록 하라.

'三科法門'이란 음(陰), 계(界), 입(入)이니, 陰은 오음(五陰)이니 色受想行識이고, 入은 십이입(十二入)이니 바깥 육진경계인 色聲香味觸法과 안쪽 육문(六門)인 眼耳鼻舌身意이며, 계는 십팔계(十八界)이니 六塵 六門 六識이 그것 이니라.

자성(自性)이 능히 만법(萬法)을 함유하는 까닭에 이름이 함장식(含藏識)이라, 만일 思量(헤아리는 생각)을 일으키면 즉시 식이 움직이는 까닭에 六識이 일어나 六門으로 나아가 六塵경계를 보는 것이니, 이와 같이 십팔계가 모두 自性으로부터 일어나 쓰이는 것이니, 자성이 만약 삿되면 十八邪가 일어나고 자성이 만약 바르면 十八正이 일어나나니 만약 惡하게 쓰면 곧 중생이 쓰는(用) 것이요 善하게 쓰면 곧 부처가 쓰는(用) 것이니라.

용(用)은 어디에서 연유하는가? 自性으로부터 연유하느니라.

대법(對法)은 '바깥경계에 무정오대(外境 無情五對)'가 있으니, 하늘과 땅이 대하고, 해와 달이 대하며, 밝음과 어두움이 대하고, 음과 양이 대하고, 물과 불이 대하나니 이것이 五對이니라.

'법상어언에 십이대(法相語言 十二對)'가 있으니, 말(語)과 법(法)이 대(對)하고, 유와 무가 대하며, 유색과 무색이 대하며, 유상과 무상이 대하며, 有漏와 無漏가 대하며, 색과 공이 대하며, 움직임과 고요함이 대하며, 맑음과 탁함이 대하며, 범인과 성인이 대하며, 승과 속이 대하며, 늙음과 어림이 대하며, 크고 작음이 대하나니 이와 같이 하여 십이대이니라.

'자성을 일으켜 쓰는데 십구대(自性起用 十九對)'가 있으니, 길고 짧음이 대하고, 삿됨과 바름이 대하며, 미련함과 슬기로움이 대하며, 어리석음과 지혜로움이 대하며, 산란함과 안정됨이 대하며, 자애로움과 악독함이 대하며, 계행과 비행이 대하며, 곧음과 구부러짐이 대하며, 실함(實)과 허함(虛)이 대하며, 험난함과 평탄함이 대하며, 번뇌와 보리가 대하며, 항상함과 무상함이 대하며, 자비로움과 해함이 대하며, 기쁨과 성냄이 대하며, 베풂과 아낌이 대하며, 나아감과 물러남이 대하며, 생겨남과 멸함이 대하며, 법신과 색신이 대하며, 화신과 보신이 대하나니 이와 같이 십구대가 되느니라』.

대사께서 말씀하시기를

『이 삼십육대법을 만약 이해하고 사용한다면 말을 뱉음에 일체의 경법을 관통하고 출입에 곧 양변을 떠나며 자성을 동용(動用)하게 되리

244

라. 남들과 말할 때 밖으로는 相 가운데에서 相을 여의고 안으로는 空 가운데서 空을 여의라. 만약 오로지 상에만 집착하게 되면 곧 삿된 견해(邪見)만 키우게 될 것이요 만약 오로지 공에만 집착한다면 곧 무명(無明)을 키우게 될 것이리라.

공에 집착하는 사람은 경을 가볍게 여기어 "문자는 필요없다(不用文字)"고 이르지만, 이미 "문자는 필요없다"고 말하였으니 그 또한 말한 바와 들어 맞지 아니하나니 이렇게 말함으로써 곧 문자상(文字相)을 낸 것이니라.

또한 곧장 이르길 "문자를 세우지 않는다(不立文字)"고 말하나, 바로 이 '不立'이란 두 글자도 역시 '文字'인 것이며, 남이 설하는 것을 보고 문득 남을 비방하여 "문자에 걸려있다"고 말하지만, 너희들은 마땅히 알아야 하느니 자신이 오히려 미혹함이야 그러하더라도 다시 불경을 비방해서는 안되나니 그 죄장이 헤아릴 수 없으리라.

만약 밖에 있는 상에 집착하여 법(法)을 만들어 참됨(眞)을 구하거나 혹은 도량을 크게 세우고 있다 없다 하는 견해로써 지나침과 모자람의 병통을 설한다면 이와 같은 사람은 여러 겁이 지나더라도 견성(見性)하지 못하리니, 단지 법을 의지하여 듣고 수행하며 또한 이것 저것을 생각하지 않아야만 도의 성품에 막히고 걸림이 없으리라.

만일 설법만 듣고 수행은 하지 않는다면 오히려 그 사람으로 하여금 삿된 생각을 일으키게 함이 되나니, 다만 법에 의지하여 수행케 함으로써 '무주상법시(無住相法施)'를 할지어다.

너희들이 만약 깨달아 이와 같은 설법에 의지하여 說하고 이 설법에 의지하여 應用하고 이 설법에 따라 行하고 이 설법에 따라 지어(作)간다면 곧 근본 종지를 잃지 않으리라.

만약 누군가 너희에게 뜻을 묻되 有를 물으면 無로 대하고, 무를 물으면 유로 대하며, 凡을 물으면 聖으로 대하고, 성을 물으면 범으로 대하므로써 두 가지 도가 서로 원인이 되게 하여 중도(中道)의 뜻이 드러나게 할지니라.

한번 물으면 한번 대답하는 것과 같은 방식으로 함으로써 나머지 물음에 대하여도 이와 같이 해나간다면 도리를 벗어나지 않으리라.

만약 어떤 이가 묻기를 "어떠한 것이 어두움(暗)이라고 하는 것입니까?"하거든, 답하여 말하기를 "밝음은 因이요 어두움은 緣이니 밝음이 사라짐이 곧 어두움이라, 밝음으로써 어두움을 드러내며 어두움으로써 밝음을 드러내나니 서로가 원인이 되어 中道의 뜻을 이루는 것이라"고 일러주어라.

246

다른 물음에 대하여도 모두 이와 같이 대할지니, 너희들이 이후로 법을 전함에 있어 이에 의지하여 서로 가르치고 전해받음으로써 결코 종지를 잃지 않도록 할지니라.

육조대사의 발자국이 찍힌 것으로 전해져 내려오는 동화산의 한 바위. 아래는 동화선사 대웅전.

그 법(法)이 둘이 없고

마음이 또한 그러하며,
그 도(道)가 청정하여
또한 모든 상(相)이 없으니
너희들은 부디 고요함을 관(觀)하거나
그 마음을 비우거나 하지 말라,

이 마음은 본래 청정하여
가히 취하고 버릴 게 없나니,
각각 스스로 노력하고
인연을 따라서 잘들 나아가라

부촉품(付囑品)

　　대사께서 태극 원년(당 예종 원년, 서기 712년) 임자(壬子) 七월
에 문인들에게 명하셔서 신주 국은사에 가서 탑을 세우도록 하시
고 공사를 재촉하여 다음해 여름 끝에 낙성하게 하셨다.

　　그리고 七월 一일에 대중을 모으시고 말씀하시기를

　　『내가 八월에 이르러 세상을 떠나려 하니, 너희들은 의문 나는 것이 있
거든 서둘러 물으라. 너희들의 의문을 깨뜨려 미혹함이 없도록 하여 주
리라. 내가 만일 간 뒤에는 너희들을 가르칠 사람이 없으리라』하셨다.

법해(法海) 등이 듣고 모두 눈물을 흘리면서 우는데

오직 신회가 뜻을 움직이지 않고 또한 울지도 않았다.

대사께서 말씀하시기를

『신회는 좋음과 좋지 않음 비난 받음과 영예로움 등에 움직이지 않으며, 슬픔도 즐거움도 내지 않을 만큼 되었으나, 다른 사람은 모두 그렇지 못하니 몇 해 동안 산중에 있으면서 지금껏 무슨 도를 닦았다는 것이냐?

너희들이 이제 슬퍼하며 우는 것은 누구를 근심하여 우는 것이냐? 만약 내가 어디로 가는지를 몰라서 근심함이라면 내가 스스로 갈 곳을 아는 것이니, 만약 내가 갈 곳을 모른다면 마침내 너희들에게 이렇게 미리 말하지 못하리라.

너희들이 슬퍼 우는 것은 아마 나의 갈 곳을 모르기 때문인 듯한데, 그러나 나의 가는 곳을 안다면 울 것이 없으리라.

법성은 본래 나고 죽고 가고 옴이 없는 것이니 **法性 本無生滅去來,**

너희들은 모두 앉아라. 너희들에게 한 게송을 설하리니,

이름은 '진가동정게(眞假動靜偈)'라,

너희들이 이 게송을 알면 내 뜻과 같을 것이요, 이대로 닦아 나가면
종지(宗旨)를 잃지 않으리라』하시고 게송을 설하시니

일체에 참(眞)이 없으니	一切無有眞
참이라 보지 마라	不以見於眞
참이라고 본다면	若見於眞者
그건 모두 참 아닐세.	是見盡非眞
능히 스스로 참 있다면	若能自有眞
'거짓없는 마음' 뿐이니	離假卽心眞
제 마음에 거짓 두면	自心不離假

어디 무슨 참이 있으랴   無眞何處眞

뜻 있는 건 움직이고   有情卽解動

뜻 없는 건 못 움직이나니   無情卽不動

부동행(不動行)을 닦는다 하면   若修不動行

뜻 없어 못 움직임과 같나니   同無情不動

참으로 안 움직임 찾으려면   若覓眞不動

'움직임 위에 안 움직임'이니   動上有不動

'움직임 없는 안 움직임'이라면   不動是不動

뜻이 없고 불종(佛種)도 없네,   無情無佛種

모든 것을 제대로 분별하려면 　　　　　能善分別相

제일의(第一義)를 부동하여라 　　　　　第一義不動

다만 이런 견해 잘 따른다면 　　　　　但作如此見

곧 이것이 진여용(眞如用)이라 　　　　　卽是眞如用

道를 배우는 사람들이여, 　　　　　報諸學道人

이 점에 깊이 주의하여서 　　　　　努力須用意

도리어 저 대승문에서 　　　　　莫於大乘門

나고 죽는 지견에 걸리지 말라, 　　　　　却執生死智

만일 이 말끝에 相應이 되면 　　　　　若言下相應

함께 부처를 논하려니와 　　　　　卽共論佛義

만약 실로 相應이 안 되었거든   若實不相應

합장하고 이제는 환희하며 따르라.   合掌今歡喜

이 종(宗)은 본디 다툼 없으며   此宗本無諍

다투면 道의 본지 잃게 되나니   諍卽失道義

법문에 거스르고 다툰다면은   執逆諍法門

자성(自性)이 생사(生死)에 들어가리라. 自性入生死』

그때 무리들이 게송을 듣고 다 절하였으며 바로 대사의 뜻을 알아 각각 마음을 잡고 법대로 닦아서 다시는 감히 다투는 일이 없었다.

대사께서 세상에 오래 머물지 않으실 것을 알고 **법해상좌(法海上座)**가 재배(再拜)하고 여쭙기를

「스님께서 입멸(入滅, 열반)하신 뒤에 의법(衣法)을 마땅히 누구에게 전하오리까?」하니

『내가 대범사에서부터 지금까지 설법한 것을 초록(抄錄)하여 세상에 유통(流通)하게 하되, 제목을 '법보단경(法寶壇經)'이라 하고 너희들이 서로 전하여서 여러 중생들을 제도하여라.

다만 이대로만 하면 이것이 정법(正法)이니라.

이렇게 너희에게 법을 설하고 그 옷은 전하지 않나니, 대개 너희들이 신근(信根)이 순숙(淳熟)하여서 조금도 의심할 것이 없으며 큰일을 맡길 만하기 때문이다.

그리고 선조(先祖) 달마대사께서 부쳐주신 게송의 뜻에 의지하더라도 옷은 전하지 않는 것이 옳으니라. 그 게송은 이러하니라』

「내 본디 이곳에 옴은　　　　吾本來玆土

법 전하여 중생을 건짐일세,　傳法救迷情

한 꽃에 다섯 잎이 벌어지니　一花開五葉

결과가 저절로 이뤄지네   結果自然成」

대사께서 다시 말씀하시기를

『모든 선지식이여, 너희들은 각각 마음을 맑히고 내 설법(說法)을 들으라.

만약 종지(種智, 모든 부처님의 근본 지혜)를 성취하려면

모름지기 '一相三昧'와 '一行三昧'를 통달해야 되나니

만약 모든 경우에 있어서 상(相)에 집착(執着)하지 않고,

상(相) 가운데 밉다 곱다는 생각 내지 말며,

취(取)함과 버림도 없이 하며

이익 손해 성공 실패 등을 생각지 말고

편안하고 고요히 하여

허공과 같이 통하고 담박(虛融澹泊)하면

이것이 '일상삼매(一相三昧)'며,

만약 모든 경우에 있어서

가고 머물고 앉고 누움에

순일한 곧은 마음으로

도량(道場)에서 움직이지 않으면

참으로 정토(淨土)를 이루는 것이라

이것이 '일행삼매(一行三昧)'니,

만약 이 두 삼매 갖춘다면은

마치 땅에 씨가 심기어지고

그 씨가 크게 자라나서

열매를 맺음과 같으니라.

내가 이제 법을 설함은

때맞춘 비(時雨) 대지를 적셔줌 같고

그대들의 불성(佛性)은 씨와 같아서

이제금 흠뻑 적시우나니

모두 다 피어나리라.

내 뜻(旨)을 이어가는 이는 결정코 보리 얻으며,

나의 행(行) 의지하는 이는 기필코 묘과(妙果) 얻으리라.

내 게송을 들으라,

마음 땅이 머금은 부처의 씨를	心地含諸種
법비로써 모두 다 싹을 틔우네,	普雨悉皆萌
돈오꽃(頓悟花)이 지고 나면	頓悟花情已
보리열매(菩提果) 저절로 이루어지리	菩提果自成

대사께서 게송을 설하시고 말씀 하시기를

『그 법(法)이 둘이 없고	其法 無二
마음 또한 그러하며,	其心 亦然
그 도(道)가 청정하여	其道 淸淨
또한 모든 상(相)이 없으니	亦 無諸相

너희들은 부디 고요함을 관(觀)하거나

그 마음을 비우거나 하지 말라,

이 마음은 본래 청정하여   此心本淨

가히 취하고 버릴 게 없나니,   無可取捨

각각 스스로 노력하고   各自努力

인연을 따라서 잘들 나아가라   隨緣好去」하시니,

이때에 대중들이 절하고 물러갔느니라.

대사께서 七월 八일에 문득 문인(門人)들에게 이르시기를

『내가 신주로 돌아가겠으니 속히 배와 노를 준비하여라 』

하시니 대중이 슬퍼하며 오래도록 머무시기를 애원하는지라,

다시 말씀 하시기를

『모든 부처님의 출현하심이 오히려 열반을 보이기 위하심이니 옴이 있으면 반드시 감이 또한 이치에 당연함이라, 내 이 몸뚱이도 반드시 돌아갈 곳이 있나니라』하셨다.

대중이 여쭙기를 「스님께서 이제 가시면 조만간 다시 돌아오시나이까?」하니

『잎이 떨어져 뿌리(根)로 돌아가는 것이라 올 때에 입(口)이 없나니라』하셨다

「정법안장(正法眼藏)을 누구에게 부촉하시나이까?」하니

『도 있는 자가 얻고(有道者得) 마음 없는 자에게 통하나니라(無心者通)』하셨다.

「뒤에 무슨 어려움은 없겠나이까?」하니

『내가 간 뒤 五六년 만에 어떤 사람이 와서 내 머리를 가져가리라, 내가 일러줌(記)을 들으라』

『머리 위에 어버이를 봉양하고, 입으로는 모름지기 먹는다° 만(滿)의 어려움을 만날 때에, 양(楊)과 유(柳)가 관(官)이 되리라(頭上養親 口裏須餐 遇滿之難 楊柳爲官)』

또 말씀하시기를

『내가 간 뒤 七十년 만에 두 보살이 동방으로부터 와서 하나는 출가(出家)하고 하나는 재가(在家)하면서 동시에 교화하여서 내 종(宗)을 세우고 크게 가람(伽藍)을 일으켜 법을 융성시켜 이어가리라』하셨다.

대중이 또 여쭙기를

「위로부터 부처님과 조사께서 응현(應現)하신 이래로 전해 내려옴이 몇 대나 되옵는지 가르쳐 주소서」하니

『옛 부처님이 세상에 응현하심이 이미 헤아릴 수 없으니, 이제 七佛로부터 시작하리라,

과거 장엄겁(莊嚴劫)에는 비바시불, 시기불, 비사부불이며,

지금 현겁(賢劫)에는 구류손불, 구나함모니불, 가섭불, 석가모니불
이니 이렇게 七佛이며,

석가모니불께서 먼저 마하가섭 존자에게 전하셨고

다음 아난 존자

第三 상나화수 존자

第四 우바국다 존자

第五 제다가 존자

第六 미차가 존자

第七 바수밀다 존자

제八 불타난제 존자

264

제二十 사야다 존자

제二十一 바수반두 존자

제二十二 마노라 존자

제二十三 학록나 존자

제二十四 사자 존자
제二十五 바사사다 존자

제二十六 불여밀다 존자

제一十七 반야다라 존자

제二十八 보리달마 존자

제二十九 혜가대사(慧可大師)

제三十 승찬대사(僧瑤大飯)

266

제三十一 도신대사(道信大師)

제三十二 홍인대사(弘忍大師)요

혜능이 제三十三 조(祖)이니,

이렇게 모든 조사(祖師)가 각각 이어 받은 것이라,

너희들은 뒤에 전하여 끊어짐이 없이 하여라』하셨다.

대사께서, 선천(先天) 二년 계축(癸丑) 八월 초三일에 국은사(國恩寺)에서 재를 마치시고, 모든 무리들에게 이르시기를

「너희들은 각각 차례대로 앉아라, 내가 너희들과 작별하리라」하시니

법해가 아뢰기를

「스승께서 어떠한 교법(教法)을 머물게 하셔서서 모르는 사람들로 하여금 불성을 보게 하시나이까?」하였다.

『너희들은 잘 들으라,

후대 사람들이 만약 중생(衆生)을 알면 곧 이 불성을 안 것이며,

만약 중생을 알지 못하면 만겁(萬劫)을 찾아도 부처를 만나지 못하리라,

내 이제 너희들로 하여금 제 마음의 중생을 알게 하고,

제 마음의 불성을 보게 하리니

부처 보기를 구하거든 다만 중생을 알아라,

중생이 부처를 모르는 것이요

부처가 중생을 모르게 함이 아니니,

만약 제성품을 깨달으면 중생이 곧 부처요,

제 성품을 모르면 부처가 곧 중생이며

제 성품이 평등하면 중생이 곧 부처요,

제 성품이 사악(邪惡)하면 부처가 곧 중생이라,

너희들의 마음도 만약 험악하고 굽었다면

부처가 중생 속에 묻힌 것이며

한결같이 생각이 평등하고 곧으면

곧 중생이 성불(成佛)하는 것이니라.

내 마음에 스스로 부처 있으니

스스로의 부처가 참부처라,

제 스스로 부처마음 없다면

어디에서 참부처를 구하랴,

너희들은 제 마음이 부처임을

조금도 의심치 말아라,

원래 한물건도 없으되

밖으로 능히 모든 것을 세우는 것은

다 이 본심에서 만법(萬法)이 나기 때문이니라.

그러므로 경에 말씀하시기를 『"마음이 나면 가지가지 법이 나고, 마음이 멸하면 가지가지 법이 멸한다"』하시니라,

이제 게송을 하나 남기고 너희들과 작별하리니 이름이 '자성진불게(自性眞佛偈)'라, 후대 사람이 이 게송의 뜻을 알면 스스로 본심을 보아 스스로 불도를 이루리라』하시고 게송을 설하시니

『진여자성(眞如自性)은 이 참부처요

사견삼독(邪見三毒)은 이 마왕이니

삿되고 미혹하면 마왕의 집이요

바른 견해 낼 때는 부처가 계심이라

사특한 소견에서 삼독이 일어나면

마왕이 들어와 사는 것이요

올바른 지견으로 삼독심을 없애면

마왕이 변하여 부처 된 것이로다

법신 보신 화신

이 三身이 본래로 一身이라

성품 속 향하여 스스로 봄은

곧 성불의 보리인(菩提因)이라

화신에서 청정한 성품이 나며

청정한 성품이 화신 속에 항상 있네

성품이 화신을 바른 길 가게 하면

원만함이 진실로 다함 없으리

음난한 성품이 청정한 성품의 因이니

음난함 없애면 청정한 몸이라

성품 속에 스스로 五欲 떠나서

272

견성하는 찰나(刹那)가 바로 참(眞)이라

이생(今生)에 돈교문(頓教門) 만나게 되면

홀연히 제 성품 깨닫고 부처(世尊)를 보리라

수행하여 부처됨을 찾는다 하면

어디에서 참된 것을 구할 것인가?

만약 능히 제 마음속 참을 보아

참 있으면 바로 성불의 인(因)이니

제 마음 보지 않고 밖의 부처 찾아

마음 일으키면 크게 어리석음이라

돈교법문 이제금 머물게 하였나니

세상 사람들 스스로 닦게 하여라

앞으로 도 배우는 사람들이여

이런 견해(見解) 없애고 크게 유유(悠悠)하여라』

대사께서 게송을 설하시고, 또 말씀하시기를

『너희들은 잘 있으라(好住), 내가 멸도(열반)한 뒤에 세속적인 정을 두지 말 것이니, 슬피 울거나 남의 조문(弔問)을 받거나 몸에 상복을 걸치거나 하면 내 제자가 아니며 바른 법이 아니니라.

다만 내 본마음을 알고 본성품을 보면

움직임도 고요함도 없고,

생함도 멸함도 없으며,

감도 옴도 없고

옳음도 그름도 없으며,

머물음도 떠남도 없나니,

너희들이 마음이 어두워 내 뜻을 모를까 두려우므로

지금 다시 너희에게 당부하여 성품을 보게 하려는 것이다.

내가 멸도한 뒤에 이대로 닦아가면

내가 있을 때나 다름없으려니와

만일 나의 가르침을 어긴다면

비록 내가 세상에 있더라도 유익함 없으리라」

다시 게송으로 설하시기를

『우뚝하여 선(善)도 닦지 아니하고

당당하여 악(惡)도 짓지 않네

적적하여 보고 들음 끊었으니

탕탕하여 마음에 걸림 없도다!』

대사께서 게송을 설하시고 단정히 앉으셔서 삼경(三更)이 되자 문인(門人)들에게 고하시기를 「내 이제 가노라」하시고 문득 천화(遷化)하시니,

그때 기이한 향기가 집에 가득차고 흰 무지개가 땅에서 뻗쳤으며 나무 숲이 희여지고 새 짐승이 슬피 우니라.

十一월에 광주(廣州) 소주(韶州) 신주(新州) 三군의 관료와 문인(門人) 승속들이 다투어 대사의 진신(眞身)을 모시고자 다투니 어

디로 모실지를 결정할 수 없었다.

그래서 향을 피워놓고 빌기를 「대사께서 가실 곳으로 향연기가 가게 하소서」하니 향연기가 바로 조계로 곧장 뻗쳐갔다.

十一월 十三일에 신감(神龕)과 받으신 의발(衣鉢)을 조계로 옮기고, 다음 해 七월에 신감을 꺼내어 제자 방변(方辯)이 향을 개어서 바르고,

문인들이 「머리를 취한다」는 예언을 생각하여 철엽(鐵葉)과 칠포(漆布)로써 목부분을 견고히 보호하여 탑에 모시니

문득 탑 속에서 흰빛이 나와서 하늘을 찌를 듯 곧게 뻗치다가 三일 뒤에 흩어졌다.

소주에서 조정에 아뢴 후 칙명을 받들어 비를 세워 대사의 도행(道行)을 적으니

"대사의 춘추는 七十六년이시고, 二十四세에 의법을 받으셨고, 三十九세에 축발(祝髮) 하셨으며,

중생을 위하사 설법하시기를 三十七년 동안에 四十三人이 법을 이었고,

도를 깨달아 범부를 초월한 자는 그 수를 모를 지경이었다.

달마 대사께서 전하신 옷과 중종이 하사한 마납가사(磨衲)와 보발(寶鉢)이며

방변(方辯)이 조성한 대사의 진상(眞像)과 도구(道具)는 탑을 주관하는 시자가 맡아서 길이 보림도량(寶林道場)에 두게 하고

단경(壇經)을 널리 전하여서 종지(宗旨)를 드러내었나니 이 모든일이 삼보(三寶)를 높이 일으켜 융성케하고 널리 중생들을 이롭게 함이니라.

연화생(蓮花生: 불교기공) 수련 중인 동화선사의 스님. 중국 스님들은 참선시 기공(氣功)을 병행한다.

六祖大師 緣起 外紀

大師의 父親은 盧 行瑤요, 母親은 李氏이다.

母親이 꿈에, 들 앞에 白花가 滿發하고 白鶴이 雙으로 날며, 奇異한 香氣가 온집에 가득함을 보고 姙娠하였는데 그 後 六年만에 唐 貞觀 十二年 戊戌 二月 八日 子時에 아들을 낳으니 이가 곧 大師이다.

그날 밝을 무렵에 僧 둘이 와서 말하기를 「애기의 이름을 慧能으로 하라」는 것이었다.

父親이 그 까닭을 물으니 앞으로 이 애기가 '慧'로써 많은 衆生을 건지고 '能'히 크게 佛事를 이룩할 분이기 때문이라고 對答한 後 忽然히 사라지니 간 자취를 알 수 없었다.

이렇게 誕生한 大師는 어머니 젖을 먹지 않고 자랐으니, 밤에 神人으로부터 甘露水의 供養을 받은 것이었다.

三歲에 父親을 喪別한 後 母親을 모시고 나무장사를 하였으며,

二十四歲에 五祖로부터 衣法을 받은 後 南方으로 避身하였다가 儀鳳元年 丙子正月에 廣州 法性寺에서 印宗法師를 만나 그 달 十五日에 비로소 머리를 깎았고,

다음 달 二月八日에 具足戒를 받으니 授戒師에 西京 智光律師, 竭磨에 蘇州 慧靜律師, 敎授 說戒에 中天 耆多羅律師, 證建에 西國 密多三藏이었으며,

그 戒壇은 宋朝 때 求那跋陀羅 三藏의 創建인데 창건 당시 碑를 세우기를 「이 뒤에 여기서 肉身菩薩이 戒를 받으리라」하였으며,

또 梁 天監元年에 智藥 三藏이 西竺에서 보리수(菩提樹) 한 그루를 가지고 와서 이 戒壇 가에 심으면서 「앞으로 百七十年後에 肉身菩薩이

나타나 이 나무 밑에서 無量衆生을 濟度하리라」고 예언하였는데

大師가 여기서 祝髮受戒한 것이 모두 예언대로 된 것이다.

다음해 봄에 大師가 曹溪 寶林寺로 돌아오시니 學人 수백명이 따라
와서 함께 머물게 되었는데

堂宇(절)가 비좁아서 大衆을 수용하기 어려우므로 절을 확장하고저
하여, 地主를 만나서 大師의 坐具를 깔만한 터를 要求하였다.

지주가 和尙의 坐具가 얼마나 되느냐고 물어서 大師가 坐具를 보이
자 그는 두말없이 應諾하였다.

大師가 坐具를 펴놓으니 曹溪 四境을 덮어버렸고 거기에 四天王이
나타나 네 귀퉁이를 누르는지라, 지주가 大師의 法力에 경탄하고 그 땅
을 모두 바치고 말았다. 지금의 '天王嶺'이 이런 연유로 생긴 이름이다.

이렇게 하여 大師가 境內를 넓히고 山水 좋은 곳을 골라 절을 세운 것
이 十三個所였다.

원래 이 寶林寺는 西國 智藥三藏이 曹溪에 이르러 물을 마셔보고 上

流 에는 반드시 절터 될만한 훌륭한 장소가 있을 것이라 짐작하고 물줄기를 따라 올라와 보고는 山水의 절묘함이 마치 西天 寶林山과 같다고 감탄하면서 曹候村 주민들에게 말하기를,

「여기에 절을 세우면 百七十年 後에 肉身菩薩이 出現하여 여기서 敎化할 것인데 得道하는 者가 숲과 같으리니 마땅히 '寶林'이라고 이름하는 것이 좋다」고 하였다.

이 말을 當時 소주목후(韶州牧候) 경중(敬中)이 듣고 武帝께 奏上하여 天監三年에 절을 짓고 寶林寺라고 名稱한 것이다.

이 절 앞에 못이 있었는데 거기에 龍이 늘 출몰하면서 안개도 피우고 바람도 일으켜 물결을 높이고 樹林도 뒤흔드는 등 장난이 심하였다.

하루는 龍이 큰 몸집을 드러내어 장난을 시작하는 것을 大師가 보고 꾸짖기를 「네가 만일 神通이 장하다면 몸집을 작게도 하고 크게도 하여 自由自在할 것이니 어디 아주 작은 몸을 나타내어 보아라」하니 龍이 갑자기 물속으로 들어갔다가 곧 아주 작은 몸으로 솟아올랐다.

大師가 발우(鉢盂)를 대면서 「네가 이 鉢盂 속에도 들어갈 수 있겠느냐」하니 그놈이 발우 속으로 들어오는 것을 거두어 가지고 堂으로 올

283

라와 앞에 놓고 法을 說하여 주니 龍이 그 功德으로 몸을 벗고 갔다.

그 뼈가 지금도 전해오는데 길이가 七寸쯤 되고 頭尾와 角足이 모두 갖춰졌다.

그 뒤로 大師는 그 못을 메웠는데 지금 殿前左側에 鐵塔을 세워 누른 곳이 바로 그 못 자리다.

大師를 탑에 모신 후 開元十年 壬戌 八月三日에 이르러,

그날 밤중에 大師의 眞身을 모신 塔 속에서 쇠줄을 끄는 듯한 이상한 소리가 들리므로 大衆이 쫓아나가 보니 웬 상복을 입은 사람이 塔 속에서 나와 도망하는 것이었다.

塔 속을 살펴보니 대사의 목이 상하여 있었다.

이 사실이 고을에 알려져서 현령(縣令) 楊侃과 자사(刺史) 柳無忝이 수사(搜査)에 착수한 지 五日 만에 石角村에서 범인을 체포, 심문하여 보니 범인은 張淨滿이라는 여주(汝州) 양현(梁縣) 사람이었다.

洪州 開元寺에서 新羅僧 金大悲에게서 金 二十千량을 받고 한 일인데 金大悲는 六祖大師의 머리를 해동(海東)으로 모시고 돌아가서 공양하기 위함이라는 것이었다.

유자사가 몸소 조계에 출장하여 범인에 대한 처형문제를 대사의 上足제자인 영도(令韜)에게 물으니,

그가 말하기를 「만약 국법대로 한다면 마땅히 베어야 할 일이로되 佛敎의 慈悲로써 본다면 怨親이 모두 평등한 것이며, 더구나 그것이 공양을 목적으로 한 것이라니 죄를 용서하는 것이 좋겠다」고 하였으므로,

柳자사가 "佛門의 넓고 큼을 비로서 알았다"고 탄복하고는 범인을 놓아 주었다.

上元元年에 숙종(肅宗)이 사신을 조계에 보내어 대사의 의발을 청하여 궁 안에서 공양하게 하였더니,

永泰元年 五月五日에 이르러 대종(代宗)의 꿈에 육조대사가 나타나 의발을 돌려놓으라 하였으므로,

七日에 鎭國大將軍 劉崇景으로 하여금 높이 받들어 호송하여 조계로 돌려보내면서 (자사에게 칙명으로 이르기를)

"짐은 이것을 나라의 보배라고 할 것이니 경은 본사에 법답게 안치하고 승려들 가운데 친히 종지를 받들어 잇는 이로 하여금 엄중히 잘 수호하도록 하여 소홀함이 없도록 하라" 하였다.

그 뒤에도 혹 사람에게 절취 당한 적이 있었으나 모두 오래되지 않아서 되돌려 찾아오곤 하였으니 그 횟수가 네 번이나 되었다.

憲宗은 '大鑑禪師'라 謚號하였고 탑에는 '元和靈照'라 기록되어 있다.

宋太祖가 즉위 하면서 開國 초기에 兵火로 타버린 대사의 탑묘를 새로 쌓아 七층으로 하고 시호를 더하여 '大鑑眞空禪師 太平興國之塔'이라 하였으며

宋仁宗 天聖十年에 證號를 더하여 '大鑑眞空普覺禪師'라 하였고

宋神宗이 또 證號를 더하여 '大鑑眞空普覺圓明禪師'라 하였다.

중국 남화선사에 조성된 육조대사탑.

佛日 普照國師 跋文

 태화 칠년 십이월 어느 날 수선사 내 도인 담묵스님이 한 권의 책을 가지고 내 방으로 와서 말하길,『요즈음 '法寶記壇經'을 얻었는데 장차 다시 새겨 널리 전하려고 하오니 스승께서 발문을 써주십시오』하였다.

 내가 흔연히 대답하기를, 이는 내가 평생을 두고 종(宗)으로 삼아 이어가며 닦고 있는 귀감인데 그대가 이를 판각하여 널리 후세에 전하려 한다니 이 노승의 뜻과 꼭 부합되도다.

 그러나, 단경에는 일단의 의문이 남아있는데, 그것은 바로

南陽忠國국사에서 선객들에게 말씀하시기를,『나는 요즈음 몸과 마음이 一如하여 마음밖에 남은 것이라고는 없으니, 이러한 까닭에 '나고 멸함이 모두 없다'고 할 것인데, 너희 남방에서는 '육身은 無常이요 神性은 常이라'고 하고 있으니, 그렇다면 '반은 나고 반은 멸한다는 것이요 반은 멸하지 않는다'는 말이로다. 내가 남방을 다니면서 보니 이와 같은 견해가 많아 지금껏 성행하도다』하시고는

육조단경을 들고 말씀하시되,『이것이 남방의 종지라 한다면, 쓸모없는 말로 덧붙이거나 성스러운 뜻을 깎아내고 후학들을 혼란케 하는 것이로다』하신 일이다.

그대가 지금 얻은 책은 올바른 본문이고 누가 첨가하여 쓴 것이 아니니 가히 남양혜충국사의 나무램을 면할 수 있을 것이다.

그러나, 본문을 자세히 살피어 보니, 역시 몸은 생멸하고 마음은 생멸하지 않는다는 뜻의 말이 있으니,「眞如性 自起念, 非眼耳鼻舌 能念」이라고 한 점 등은 바로 남양혜충국사가 나무라실 수 있는 곳이다.

마음 닦는 사람이 이곳에 이르러 의심하는 마음이 없을 수 없나니, 어떻게 이를 해소할 것이며 깊이 신심을 내도록 하여 성인의 가르침을 유통케 할 것인가?

　담묵스님이 "그러한 즉 회통시킬 요의를 들을 수 있겠습니까?" 하기에,

　내가 말하길『노승이 단경의 핵심에 의거하여 품되 계속 음미하며 잊지 않던 중 육조대사의 훌륭한 방편이라는 것을 알게되었으니, "조사께서 회양, 행사 등을 위해서는 心印을 은밀히 전하시었고, 그밖에 위거등 도속 천여 인들에게는 '無相心地戒'를 설하신 것이라, 그러므로 한쪽으로만 眞도를 말하므로써 俗을 거스를 수 없으셨으며, 또한 俗을 따르고자 하나 眞도를 위배할 수 없었기 때문이니라.

　그러므로, 半은 저들의 뜻을 따르고 半은 친히 증득하신 바를 이르신 것이기에, "眞如起念, 非眼耳能念(진여가 생각을 일으키는 것이요, 눈귀등 육근이 생각을 일으키는 것이 아니다)" 등의 말씀을 설하시어 도속들로 하여금 '먼저 제 몸 중에 있는 見聞의 性品을 반조케 함으로써 그 다음으로 眞如를 了達한 연후에 조사께서 뜻하시는 心身一如의 密意를 바로 보게 한 것'이다.

290

만약 이러한 뛰어난 방편을 쓰지 않고 곧바로 '심신일여'를 설한다면 그 사람들의 안목으로는 몸이란 생과 멸이 있다고 보게 되는 탓에 오히려 출가하여 수도하는 사람도 의혹할 것인데, 하물며 千人俗士인들 어찌 믿고 받아들이겠는가?

　이러한 점이 조사께서 사람의 근기에 따라 달래가며 이끄시는 말씀이라 할 것이라, 혜충국사께서는 이를 "남방불법의 병"이라고 하여 꾸짖어 깨뜨리신 바 있으니, 가히 무너진 기강을 다시 정리하여 무릇 성인의 뜻을 드러내고 그 갚을 수 없는 은혜를 감히 갚으려 함이로다.

　우리들 운손들이 이미 비밀한 부처님의 뜻을 이어나가지 못하였나니 바로 이 현전문의 성실하신 말씀과 같이 의지하여서 스스로의 마음을 반조하여 본래로 부처이며 단과 상에 떨어지지 아니함으로써 가히 허물에서 벗어났다고 할 것이다.

　만약 마음(心)이 生滅하지 않음을 관하고 몸(身)은 生滅이 있음을 본다면, 一法上에 두 견해를 낸 것이어서, 性과 相이 원융회합하지 못한 것이니라.

　이를 알아 이 한 권의 영묘한 책에 의지하여 뜻을 얻고 자세히 참구한다면 높은 뜻을 놓치지 않고 빠르게 보리(菩提)를 증

득할 것이라.

어찌 출간하여 유통시키지 않음으로써 크게 이익됨을 행하지
않을 것인가!

담묵스님이 말하기를, "지당하신 말씀이옵니다" 하니, 이러
한 뜻을 책에 부치노라.

부록

六祖大師法寶壇經序

古筠比丘德異撰

妙道虛玄不可思議。忘言得旨端可悟明。故世尊分座於多子塔前。拈華於靈山會上。似火與火以心印心。西傳四七至菩提達磨。東來此土直指人心見性成佛。有可大師者。首於言下悟入。末上三拜得髓。受衣紹祖開闡正宗。三傳而至黃梅。會中高僧七百。惟負春居士。一偈傳衣為六代祖。南遯十餘年。一旦以非風旛動之機。觸開印宗正眼。居士由是祝髮登壇。應跋陀羅懸記。開東山法門。韋使君命海禪者錄其語。目之曰法寶壇經。大師始於五羊終至曹溪。說法三十七年。霑甘露味入聖超凡者莫記其數。悟佛心宗行解相應為大知識者。名載傳燈。惟南嶽青原執侍最久。盡得無巴鼻。故出馬祖石頭。機智圓明玄風大震。乃有臨濟溈仰曹洞雲門法眼諸公巍然而出。道德超群門庭險峻。啟迪英靈衲子奮志衝關。一門深入五派同源。歷遍鑪錘規模廣大。原其五家綱要盡出壇經。夫壇經者。言簡義豐理明事備。具足諸佛無量法門。一一法門具足無量妙義。一一妙義發揮諸佛無量妙理。即彌勒樓閣中。即普賢毛孔中。善入者。即同善財於一念間圓滿功德。與普賢等與諸佛等。惜乎壇經為後人節略太多。不見六祖大全之旨。德異幼年嘗見古本。自後遍求三十餘載。近得通上人尋到全文。遂刊于吳中休休禪庵。與諸勝士同一受用。惟願開卷舉目直入大圓覺海。續佛祖慧命無窮。斯余志願滿矣。至元二十七年庚寅歲中春日敘。

六祖大師法寶壇經贊

宋明教大師契嵩撰

贊者告也。發經而溥告也。壇經者。至人之所以宣其心也(至人謂六祖篇內同)何心邪。佛所傳之妙心也。大哉心乎。資始變化。而清淨常若。凡然聖然幽然顯然。無所處而不自得之。聖言乎明。凡言乎昧。昧也者變也。明也者復也。變復雖殊而妙心一

293

也。始釋迦文佛。以是而傳之大龜氏。大龜氏相傳之三十三世者傳諸大鑒(六祖諡號大鑒禪師)大鑒傳之而益傳也。說之者抑亦多端。固有名同而實異者也。固有義多而心一者也。曰血肉心者。曰緣慮心者。曰集起心者。曰堅實心者。若心所之心益多也。是所謂名同而實異者也。曰真如心者。曰生滅心者。曰煩惱心者。曰菩提心者。諸修多羅其類此者。殆不可勝數。是所謂義多而心一者也。義有覺義有不覺義。心有真心有妄心。皆所以別其正心也。方壇經之所謂心者。亦義之覺義。心之實心也。昔者聖人之將隱也。乃命乎龜氏。教外以傳法之要意。其人滯迹而忘返。固欲後世者提本而正末也。故涅槃曰。我有無上正法。悉已付囑摩訶迦葉矣。天之道存乎易。地之道存乎簡。聖人之道存乎要。要也者至妙之謂也。聖人之道以要。則為法界門之樞機。為無量義之會也。為大乘之椎輪。法華豈不曰。當知是妙法諸佛之祕要。華嚴豈不曰。以少方便疾成菩提。要乎其於聖人之道。利而大矣哉。是故壇經之宗。尊其心要。心乎若明若冥若空若靈若寂若惺。有物乎無物乎。謂之一物。固彌於萬物。謂之萬物。固統於一物。一物猶萬物也。萬物猶一物也。此謂可思議也。及其不可思也。不可議也。天下謂之玄解。謂之神會。謂之絕待。謂之默體。謂之冥通。一皆離之遣之。遣之又遣。亦烏能至之微。其果然獨得與夫至人之相似者。孰能諒乎。推而廣之。則無往不可。探而裁之。則無所不當也。施於證性。則所見至親。施於修心。則所詣至正。施於崇德辯惑。則真忘易顯。施於出世。則佛道速成。施於救世。則塵勞易歇。此壇經之宗。所以旁行天下而不厭。彼謂即心即佛淺者何其不知量也。以折錐探地而淺地。以屋漏窺天而小天。豈天地之然邪。然百家者。雖苟勝之弗如也。而至人通而貫之。合乎群經斷可見矣。至人變而通之。非預名字不可測也。故其顯說之有倫有義。密說之無首無尾。天機利者得其深。天機鈍者得其淺。可擬乎可議乎。不得已況之。則圓頓教也。最上乘也。如來之清淨禪也。菩薩藏之正宗也。論者謂之玄學。不亦詳乎。天下謂之宗門。不亦宜乎。壇經曰。定慧為本者。趣道之始也。定也者靜也。慧也者明也。明以觀之靜以安之。安其心可以體心也。觀其道可以語道也。一行三昧者。法界一相之謂也。謂萬善雖殊。皆正於一行者。無相為體者。尊大戒也。無念為宗者。尊大定也。無住為本者。尊大慧也。夫戒定慧者。三乘之達道也。夫妙心者。戒定慧之大資也。以一妙心而統乎三法。故曰大也。無相戒者。戒其必正覺也。四弘願者。願度度苦也。願斷斷集也。願學學道也。願成成寂滅也。滅無所滅。故無所不斷也。道無所道。故無所不度也。無相懺者。懺非其懺也。三歸戒者。歸其一也。一也者。三寶之所以出也。說摩訶般若者。謂其心之至中也。般若也者。聖人之方便也。聖人之大智也。固能寂之明之權之實之。天下以其寂。可以泯眾惡也。天下以其明。可以集眾善也。天下以其權。可以大有為也。天下以其實。可以大無為也。至矣哉般若也。聖人之道。非夫般若不明也。不成也。天下之務。非夫般若不宜也不當也。至人之為以般若振不亦遠乎。我法為上上根人說者宜之也。輕物重用則不勝。大方

小授則過也。從來默傳分付者。密說之謂也。密也者。非不言而闇證也。真而密之也。不解此法而輒謗毀。謂百劫千生斷佛種性者。防天下亡其心也。偉乎壇經之作也。其本正其迹效。其因真其果不謬。前聖也後聖也。如此起之。如此示之。如此復之。浩然沛乎。若大川之注也。若虛空之通也。若日月之明也。若形影之無礙也。若鴻漸之有序也。妙而得之之謂本。推而用之之謂迹。以其非始者始之之謂因。以其非成者成之之謂果。果不異乎因。謂之正果也。因不異乎果。謂之正因也。迹必顧乎本。謂之大用也。本必顧乎迹。謂之大乘也。乘也者。聖人之喻道也。用也者。聖人之起教也。夫聖人之道莫至乎心。聖人之教莫至乎修。調神入道。莫至乎一相。止觀軌善成德。莫至乎一行三昧。資一切戒。莫至乎無相。正一切定。莫至乎無念。通一切智。莫至乎無住。生善滅惡。莫至乎無相戒。篤道推德。莫至乎四弘願。善觀過。莫至乎無相懺。正所趣。莫至乎三歸戒。正大體裁大用。莫至乎大般若。發大信務大道。莫至乎大志。天下之窮理盡性。莫至乎默傳。欲心無過。莫善乎不謗。定慧為始道之基也。一行三昧德之端也。無念之宗解脫之謂也。無住之本般若之謂也。無相之體法身之謂也。無相戒戒之最也。四弘願願之極也。無相懺懺之至也。三歸戒真所歸也。摩訶智慧聖凡之大範也。為上上根人說直說也。默傳傳之至也。戒謗戒之當也。夫妙心者。非修所成也。非證所明也。本成也本明也。以迷明者復明。所以證也。以背成者復成。所以修也。以非修而修之。故曰正修。以非明而明之。故曰正證也。至人暗然不見其威儀。而成德為行藹如也。至人頹然若無所持。而道顯於天下也。蓋以正修而修之。以正證而證之。於此乃曰。罔修罔證。罔因罔果。穿鑿叢脞競為其說。繆乎至人之意焉。噫放戒定慧而必趨乎混茫之空。則吾未如之何也。甚乎含識溺心而浮識。識與業相乘循諸響。而未始息也。象之形之。人與物偕生。紛然乎天地之間。可勝數邪。得其形於人者。固萬萬之一耳。人而能覺。幾其鮮矣。聖人懷此。雖以多義發之。而天下猶有所不明者也。聖人救此。雖以多方治之。而天下猶有所不醒者也。賢者以智亂。不肖者以愚壅。平平之人以無記惛。及其感物而發。喜之怒之哀之樂之。益蔽者萬端。曖然若夜行而不知所至。其承於聖人之言。則計之博之。若蒙霧而望遠。謂有也謂無也。謂非有也謂非無也。謂亦有也謂亦無也。以不見而却蔽固。終身而不得其審焉。海所以在水也。魚龍死生在海。而不見乎水。道所以在心也。其人終日說道。而不見乎心。悲夫。心固微妙幽遠。難明難湊。其如此也矣。聖人既隱。天下百世雖以書傳。而莫得其明驗。故壇經之宗舉。乃直示其心。而天下方知即正乎性命也。若排雲霧而頓見太清。若登泰山而所視廓如也。王氏以方乎。世書曰。齊一變至於魯。魯一變至於道。斯言近之矣。涅槃曰。始從鹿野苑。終至跋提河。中間五十年。未曾說一字者。示法非文字也。防以文字而求其所謂也。曰依法不依人者。以法真而人假也。曰依義不依語者。以義實而語假也。曰依智而不依識者。以智至而識妄也。曰依了義經不依不了義經者。以了義經盡理也。而菩薩所謂即是宣說大涅槃者

。謂自說與經同也。聖人所謂四人出世(即四依也)護持正法應當證知者。應當證知故。至人推本以正其末也。自說與經同故。至人說經如經也。依義依了義經故。至人顯說而合義也合經也。依法依智故。至人密說變之通之而不苟滯也。示法非文字故。至人之宗尚乎默傳也。聖人如春陶陶而發之也。至人如秋濯濯而成之也。聖人命之而至人效之也。至人固聖人之門之奇德殊勳者也。夫至人者始殆於微。自謂不識世俗文字。及其成至也方一席之說。而顯道救世。與乎大聖人之云為者若合符契也。固其玄德上智。生而知之。將自表其法而示其不識乎。歿殆四百年。法流四海而不息。帝王者聖賢者。更三十世求其道而益敬。非至乎大聖人之所至。天且厭之久矣。烏能若此也。予固豈盡其道。幸蚊虻飲海亦預其味。敢稽首布之。以遺後學者也。

六祖大師法寶壇經
風旛報恩光孝禪寺住持嗣祖比丘宗寶編

行由第一

時。大師至寶林。韶州韋刺史(名璩)與官僚入山請師。出於城中大梵寺講堂。為眾開緣說法。師陞座。次刺史官僚三十餘人。儒宗學士三十餘人。僧尼道俗一千餘人。同時作禮。願聞法要。大師告眾曰。善知識。菩提自性。本來清淨。但用此心。直了成佛。善知識。且聽。惠能行由得法事意。惠能嚴父。本貫范陽。左降流于嶺南。作新州百姓。此身不幸。父又早亡。老母孤遺。移來南海。艱辛貧乏。於市賣柴。時有一客買柴。使令送至客店。客收去。惠能得錢。却出門外。見一客誦經。惠能一聞經語。心即開悟。遂問客誦何經。客曰。金剛經。復問。從何所來。持此經典。客云。我從蘄州黃梅縣東禪寺來。其寺是五祖忍大師在彼主化。門人一千有餘。我到彼中禮拜。聽受此經。大師常勸僧俗。但持金剛經。即自見性。直了成佛。惠能聞說。宿昔有緣。乃蒙一客取銀十兩與惠能。令充老母衣糧。教便往黃梅參禮五祖。惠能安置母畢。即便辭違。不經三十餘日。便至黃梅。禮拜五祖。祖問曰。汝何方人。欲求何物。惠能對曰。弟子是嶺南新州百姓。遠來禮師。惟求作佛。不求餘物。祖言。汝是嶺南人。又是獦獠。若為堪作佛。惠能曰。人雖有南北。佛性本無南北。獦獠身與和尚不同。佛性有何差別。五祖更欲與語。且見徒眾總在左右。乃令隨眾作務。惠能曰。惠能啟和尚。弟子自心常生智慧。不離自性。即是福田。未審和尚教作何務。祖云。這獦獠根性大利。汝更勿言。著槽廠去。惠能退至後院。有一行者。差惠能破柴踏碓。經八月餘。祖一日忽見惠能。曰。吾思汝之見可用。恐有惡人害汝。遂不與汝言。汝知之否。惠能曰。弟子亦知師意。不敢行至堂前。令人不覺。祖一日喚諸門人總來。吾向汝說。世人生死事大。汝等終日只求福田。不求出離生死苦海。自性若迷。福何可救。汝等各去自看智慧。取自本心般若之性。各作一偈。來呈吾看。若悟大意。付汝衣法。為第六代祖。火急速去。不得遲滯。思量即不中用。見性之人。言下須見

。若如此者。輪刀上陣。亦得見之(喻利根者)眾得處分。退。而遞相謂曰。我等眾人。不須澄心用意作偈。將呈和尚。有何所益。神秀上座。現為教授師。必是他得。我輩謾作偈頌。枉用心力。餘人聞語。總皆息心。咸言。我等已後。依止秀師。何煩作偈。神秀思惟。諸人不呈偈者。為我與他為教授師。我須作偈。將呈和尚。若不呈偈。和尚如何知我心中見解深淺。我呈偈意求法即善。覓祖即惡。却同凡心。奪其聖位奚別。若不呈偈。終不得法。大難大難。五祖堂前。有步廊三間。擬請供奉盧珍畫楞伽經變相。及五祖血脈圖。流傳供養。神秀作偈成已。數度欲呈。行至堂前。心中恍惚。遍身汗流。擬呈不得。前後經四日。一十三度呈偈不得。秀乃思惟。不如向廊下書著。從他和尚看見。忽若道好。即出禮拜。云。是秀作。若道不堪。枉向山中數年。受人禮拜。更修何道。是夜三更。不使人知。自執燈。書偈於南廊壁間。呈心所見。偈曰。

　　身是菩提樹　　心如明鏡臺
　　時時勤拂拭　　勿使惹塵埃

　　秀書偈了。便却歸房。人總不知。秀復思惟。五祖明日。見偈歡喜。即我與法有緣。若言不堪。自是我迷。宿業障重。不合得法。聖意難測。房中思想。坐臥不安。直至五更。祖已知神秀入門未得。不見自性。天明。祖喚盧供奉來。向南廊壁間繪畫圖相。忽見其偈。報言。供奉却不用畫。勞爾遠來。經云。凡所有相。皆是虛妄。但留此偈。與人誦持。依此偈修免墮惡道。依此偈修。有大利益。令門人炷香禮敬。盡誦此偈。即得見性。門人誦偈。皆歎善哉。祖三更喚秀入堂。問曰。偈是汝作否。秀言。實是秀作。不敢妄求祖位。望和尚慈悲。看弟子有少智慧否。祖曰。汝作此偈。未見本性。只到門外。未入門內。如此見解。覓無上菩提。了不可得。無上菩提。須得言下。識自本心。見自本性。不生不滅。於一切時中。念念自見。萬法無滯。一真一切真。萬境自如如。如如之心。即是真實。若如是見。即是無上菩薩之自性也。汝且去。一兩日思惟。更作一偈。將來。吾看。汝偈若入得門。付汝衣法。神秀作禮而出。又經數日。作偈不成。心中恍惚。神思不安。猶如夢中。行坐不樂。復兩日。有一童子。於碓坊過。唱誦其偈。惠能一聞。便知。此偈未見本性。雖未蒙教授。早識大意。遂問童子曰。誦者何偈。童子曰。爾這獦獠。不知。大師言。世人生死事大。欲得傳付衣法。令門人作偈來看。若悟大意。即付衣法。為第六祖。神秀上座於南廊壁上。書無相偈。大師令人皆誦。依此偈修免墮惡道。依此偈修。有大利益。惠能曰 (一本有我亦要誦此。結來生緣)上人。我此踏碓。八箇餘月。未曾行到堂前。望上人引至偈前禮拜。童子引至偈前禮拜。惠能曰。惠能不識字。請上人為讀。時。有江州別駕。姓張名日用。便高聲讀。惠能聞已。遂言。亦有一偈。望別駕為書。別駕言。汝亦作偈。其事希有。惠能向別駕言。欲學無上菩提。不得輕於初學。下下人有上上智。上上人有沒意智。若輕人。即有無量無邊罪。別駕言。汝但誦偈。吾為汝書。汝若得

法。先須度吾。勿忘此言。惠能偈曰。

菩提本無樹　　明鏡亦非臺

本來無一物　　何處惹塵埃

　　書此偈已。徒眾總驚。無不嗟訝。各相謂言。奇哉。不得以貌取人。何得多時。使他肉身菩薩。祖見眾人驚怪。恐人損害。遂將鞋擦了偈。曰。亦未見性。眾以為然。次日。祖潛至碓坊。見能腰石舂米。語曰。求道之人。為法忘軀。當如是乎。乃問曰。米熟也未。惠能曰。米熟久矣。猶欠篩在。祖以杖擊碓三下而去。惠能即會祖意。三鼓入室。祖以袈裟遮圍。不令人見。為說金剛經。至應無所住而生其心。惠能言下大悟。一切萬法不離自性。遂啟祖言。何期自性本自清淨。何期自性本不生滅。何期自性本自具足。何期自性本無動搖。何期自性能生萬法。祖知悟本性。謂惠能曰。不識本心。學法無益。若識自本心。見自本性。即名丈夫．天人師．佛。三更受法。人盡不知。便傳頓教及衣鉢云。汝為第六代祖。善自護念。廣度有情。流布將來。無令斷絕。聽吾偈曰。

有情來下種　　因地果還生

無情既無種　　無性亦無生

　　祖復曰。昔達磨大師。初來此土。人未之信。故傳此衣以為信體。代代相承。法則以心傳心。皆令自悟自解。自古。佛佛惟傳本體。師師密付本心。衣為爭端。止汝勿傳。若傳此衣。命如懸絲。汝須速去。恐人害汝。惠能啟曰。向甚處去。祖云。逢懷則止。遇會則藏。惠能三更。領得衣鉢云。能本是南中人。素不知此山路。如何出得江口。五祖言。汝不須憂。吾自送汝。祖相送直至九江驛。祖令上船。五祖把艣自搖。惠能言。請和尚坐。弟子合搖艣。祖云。合是吾渡汝。惠能云。迷時師度。悟了自度。度名雖一。用處不同。惠能生在邊方。語音不正。蒙師傳法。今已得悟。只合自性自度。祖云。如是。如是。以後佛法。由汝大行。汝去三年。吾方逝世。汝今好去。努力向南。不宜速說。佛法難起。惠能辭違祖已。發足南行。兩月中間。至大庾嶺(五祖歸。數日不上堂。眾疑。詣問曰。和尚少病少惱否。曰病即無。衣法已南矣。問誰人傳授。曰能者得之。眾乃知焉)逐後數百人來。欲奪衣鉢。一僧俗姓陳名惠明。先是四品將軍。性行麤慥極意參尋。為眾人先。趁及惠能。惠能擲下衣鉢於石上云。此衣表信。可力爭耶。能隱草莽中。惠明至。提掇不動。乃喚云。行者行者。我為法來。不為衣來。惠能遂出坐盤石上。惠明作禮云。望行者為我說法。惠能云。汝既為法而來。可屏息諸緣。勿生一念。吾為汝說。明良久。惠能云。不思善。不思惡。正與麼時。那箇是明上座本來面目。惠明言下大悟。復問云。上來密語密意外。還更有密意否。惠能云。與汝說者。即非密也。汝若返照。密在汝邊。明曰。惠明雖在黃梅。實未省自己面目。今蒙指示。如人飲水。冷暖自知。今行者即惠明師也。惠能曰。汝若如是。吾與汝同師黃梅。善自護持。明又問。惠明今後向甚處去。惠能曰。逢袁則止。遇蒙則居

。明禮辭(明回至嶺下。謂趁眾曰。向陟崔嵬。竟無蹤跡。當別道尋之。趁眾咸以為然。惠明後改道明。避師上字)惠能後至曹溪。又被惡人尋逐。乃於四會。避難獵人隊中。凡經一十五載。時與獵人隨宜說法。獵人常令守網。每見生命。盡放之。每至飯時。以菜寄煮肉鍋。或問。則對曰。但喫肉邊菜。一日思惟。時當弘法。不可終遯。遂出至廣州法性寺。值印宗法師講涅槃經。時有風吹旛動。一僧曰風動。一僧曰旛動。議論不已。惠能進曰。不是風動。不是旛動。仁者心動。一眾駭然。印宗延至上席。徵詰奧義。見惠能言簡理當。不由文字。宗云。行者定非常人。久聞黃梅衣法南來。莫是行者否。惠能曰。不敢。宗於是作禮。告請傳來衣鉢出示大眾。宗復問曰。黃梅付囑。如何指授。惠能曰。指授即無。惟論見性。不論禪定解脫。宗曰。何不論禪定解脫。能曰。為是二法。不是佛法。佛法是不二之法。宗又問。如何是佛法不二之法。惠能曰。法師講涅槃經。明佛性。是佛法不二之法。如高貴德王菩薩白佛言。犯四重禁作五逆罪。及一闡提等。當斷善根佛性否。佛言。善根有二。一者常。二者無常。佛性非常非無常。是故不斷。名為不二。一者善。二者不善。佛性非善非不善。是名不二。蘊之與界。凡夫見二。智者了達其性無二。無二之性即是佛性。印宗聞說。歡喜合掌。言。某甲講經。猶如瓦礫。仁者論義。猶如真金。於是為惠能剃。髮。願事為師。惠能遂於菩提樹下。開東山法門。惠能於東山得法。辛苦受盡。命似懸絲。今日得與使君。官僚．僧尼．道俗同此一會。莫非累劫之緣。亦是過去生中供養諸佛。同種善根。方始得聞如上頓教得法之因。教是先聖所傳。不是惠能自智。願聞先聖教者。各令淨心。聞了各自除疑。如先代聖人無別。一眾聞法。歡喜作禮而退。

般若第二

次日。韋使君請益。師陞座。告大眾曰。總淨心念摩訶般若波羅蜜多。復云。善知識。菩提般若之智。世人本自有之。只緣心迷。不能自悟。須假大善知識。示導見性。當知愚人智人。佛性本無差別。只緣迷悟不同。所以有愚有智。吾今為說摩訶般若波羅蜜法。使汝等各得智慧。志心諦聽。吾為汝說。善知識。世人終日口念般若。不識自性般若。猶如說食不飽。口但說空。萬劫不得見性。終無有益。善知識。摩訶般若波羅蜜是梵語。此言大智慧到彼岸。此須心行。不在口念。口念心不行。如幻．如化．如露．如電。口念心行。則心口相應。本性是佛。離性無別佛。何名摩訶。摩訶是大。心量廣大。猶如虛空。無有邊畔。亦無方圓大小。亦非青黃赤白。亦無上下長短。亦無瞋無喜。無是無非。無善無惡。無有頭尾。諸佛剎土。盡同虛空。世人妙性本空。無有一法可得。自性真空。亦復如是。善知識。莫聞吾說空。便即著空。第一莫著空。若空心靜坐。即著無記空。善知識。世界虛空。能含萬物色像。日月星宿。山河大地。泉源谿澗。草木叢林。惡人善人。惡法善法。天堂地獄。一切大海。須彌諸山。總在空中。世人性空。亦復如是。善知識。自性能含萬法是大。萬法在諸

人性中。若見一切人惡之與善。盡皆不取不捨。亦不染著。心如虛空。名之為大。故
曰摩訶。善知識。迷人口說。智者心行。又有迷人。空心靜坐。百無所思。自稱為大
。此一輩人。不可與語。為邪見故。善知識。心量廣大。遍周法界。用即了了分明。
應用。便知一切。一切即一。一即一切。去來自由。心體無滯。即是般若。善知識。
一切般若智。皆從自性而生。不從外入。莫錯用意。名為真性自用。一真一切真。心
量大事。不行小道。口莫終日說空。心中不修此行。恰似凡人自稱國王。終不可得。
非吾弟子。善知識。何名般若。般若者。唐言智慧也。一切處所。一切時中。念念不
愚。常行智慧。即是般若行。一念愚即般若絕。一念智即般若生。世人愚迷。不見般
若。口說般若。心中常愚。常自言。我修般若。念念說空。不識真空。般若無形相。
智慧心即是。若作如是解。即名般若智。何名波羅蜜。此是西國語。唐言到彼岸。解
義離生滅。著境生滅起。如水有波浪。即名為此岸。離境無生滅。如水常通流。即名
為彼岸。故號波羅蜜。善知識。迷人口念。當念之時。有妄有非。念念若行。是名真
性。悟此法者。是般若法。修此行者。是般若行。不修即凡。一念修行。自身等佛。
善知識。凡夫即佛。煩惱即菩提。前念迷即凡夫。後念悟即佛。前念著境即煩惱。後
念離境即菩提。善知識。摩訶般若波羅蜜。最尊最上最第一。無住無往亦無來。三世
諸佛從中出。當用大智慧。打破五蘊煩惱塵勞。如此修行。定成佛道。變三毒為戒定
慧。善知識。我此法門。從一般若生八萬四千智慧。何以故。為世人有八萬四千塵勞
。若無塵勞。智慧常現。不離自性。悟此法者。即是無念。無憶無著。不起誑妄。用
自真如性。以智慧觀照。於一切法。不取不捨。即是見性成佛道。善知識。若欲入甚
深法界及般若三昧者。須修般若行。持誦金剛般若經。即得見性。當知此經功德無量
無邊。經中分明讚歎。莫能具說。此法門是最上乘。為大智人說。為上根人說。小根
小智人聞。心生不信。何以故。譬如大龍下雨於閻浮提。城邑聚落。悉皆漂流。如漂
棗葉。若雨大海。不增不減。若大乘人。若最上乘人。聞說金剛經。心開悟解。故知
本性自有般若之智。自用智慧。常觀照故。不假文字。譬如雨水。不從天有。元是龍
能興致。令一切眾生．一切草木．有情無情。悉皆蒙潤。百川眾流。却入大海。合為
一體。眾生本性般若之智。亦復如是。善知識。小根之人。聞此頓教。猶如草木根性
小者。若被大雨。悉皆自倒。不能增長。小根之人。亦復如是。元有般若之智。與大
智人更無差別。因何聞法不自開悟。緣邪見障重。煩惱根深。猶如大雲覆蓋於日。不
得風吹。日光不現。般若之智亦無大小。為一切眾生自心迷悟不同。迷心外見。修行
覓佛。未悟自性。即是小根。若開悟頓教。不能外修。但於自心常起正見。煩惱塵勞
。常不能染。即是見性。善知識。內外不住。去來自由。能除執心。通達無礙。能修
此行。與般若經本無差別。善知識。一切修多羅及諸文字。大小二乘。十二部經。皆
因人置。因智慧性。方能建立。若無世人。一切萬法本自不有。故知萬法本自人興。
一切經書。因人說有。緣其人中有愚有智。愚為小人。智為大人。愚者問於智人。智

300

者與愚人說法。愚人忽然悟解心開。即與智人無別。善知識。不悟即佛是眾生。一念悟時。眾生是佛。故知萬法盡在自心。何不從自心中。頓見真如本性。菩薩戒經云。我本元自性清淨。若識自心見性。皆成佛道。淨名經云。即時豁然。還得本心。善知識。我於忍和尚處。一聞言下便悟。頓見真如本性。是以將此教法流行。令學道者頓悟菩提。各自觀心。自見本性。若自不悟。須覓大善知識。解最上乘法者。直示正路。是善知識有大因緣。所謂化導令得見性。一切善法。因善知識能發起故。三世諸佛。十二部經。在人性中本自具有。不能自悟。須求善知識。指示方見。若自悟者。不假外求。若一向執謂須他善知識方得解脫者。無有是處。何以故。自心內有知識自悟。若起邪迷。妄念顛倒。外善知識雖有教授。救不可得。若起正真般若觀照。一剎那間。妄念俱滅。若識自性。一悟即至佛地。善知識。智慧觀照。內外明徹。識自本心。若識本心。即本解脫。若得解脫。即是般若三昧。即是無念。何名無念。若見一切法。心不染著。是為無念。用即遍一切處。亦不著一切處。但淨本心。使六識出六門。於六塵中無染無雜。來去自由。通用無滯。即是般若三昧。自在解脫。名無念行。若百物不思。當令念絕。即是法縛。即名邊見。善知識。悟無念法者。萬法盡通。悟無念法者。見諸佛境界。悟無念法者。至佛地位。善知識。後代得吾法者。將此頓教法門。於同見同行。發願受持。如事佛故。終身而不退者。定入聖位。然須傳授從上以來默傳分付。不得匿其正法。若不同見同行。在別法中。不得傳付。損彼前人。究竟無益。恐愚人不解。謗此法門。百劫千生。斷佛種性。善知識。吾有一無相頌。各須誦取。在家出家。但依此修。若不自修。惟記吾言。亦無有益。聽吾頌曰。

說通及心通	如日處虛空
唯傳見性法	出世破邪宗
法即無頓漸	迷悟有遲疾
只此見性門	愚人不可悉
說即雖萬般	合理還歸一
煩惱闇宅中	常須生慧日
邪來煩惱至	正來煩惱除
邪正俱不用	清淨至無餘
菩提本自性	起心即是妄
淨心在妄中	但正無三障
世人若修道	一切盡不妨
常自見己過	與道即相當
色類自有道	各不相妨惱
離道別覓道	終身不見道
波波度一生	到頭還自懊

欲得見真道	行正即是道
自若無道心	闇行不見道
若真修道人	不見世間過
若見他人非	自非却是左
他非我不非	我非自有過
但自却非心	打除煩惱破
憎愛不關心	長伸兩脚臥
欲擬化他人	自須有方便
勿令彼有疑	即是自性現
佛法在世間	不離世間覺
離世覓菩提	恰如求兔角
正見名出世	邪見是世間
邪正盡打却	菩提性宛然
此頌是頓教	亦名大法船
迷聞經累劫	悟則剎那間

師復曰。今於大梵寺說此頓教。普願法界眾生言下見性成佛。時韋使君與官僚道俗。聞師所說。無不省悟。一時作禮。皆歎。善哉。何期嶺南有佛出世。

疑問第三

一日。韋刺史。為師設大會齋。齋訖。刺史請師陞座。同官僚士庶肅容再拜。問曰。弟子聞和尚說法。實不可思議。今有少疑。願大慈悲。特為解說。師曰。有疑即問。吾當為說。韋公曰。和尚所說。可不是達磨大師宗旨乎。師曰。是。公曰。弟子聞。達磨初化梁武帝。帝問云。朕一生造寺度僧。布施設齋。有何功德。達磨言。實無功德。弟子未達此理。願和尚為說。師曰。實無功德。勿疑先聖之言。武帝心邪。不知正法。造寺度僧。布施設齋。名為求福。不可將福便為功德。功德在法身中。不在修福。師又曰。見性是功。平等是德。念念無滯。常見本性。真實妙用。名為功德。內心謙下是功。外行於禮是德。自性建立萬法是功。心體離念是德。不離自性是功。應用無染是德。若覓功德法身。但依此作。是真功德。若修功德之人。心即不輕。常行普敬。心常輕人。吾我不斷。即自無功。自性虛妄不實。即自無德。為吾我自大。常輕一切故。善知識。念念無間是功。心行平直是德。自修性是功。自修身是德。善知識。功德須自性內見。不是布施供養之所求也。是以福德與功德別。武帝不識真理。非我祖師有過。刺史又問曰。弟子常見僧俗。念阿彌陀佛。願生西方。請和尚說。得生彼否。願為破疑。師言。使君善聽。惠能與說。世尊在舍衛城中。說西方引化。經文。分明。去此不遠。若論相說。里數。有十萬八千。即身中十惡八邪。便是說

遠。說遠為其下根。說近為其上智。人有兩種。法無兩般。迷悟有殊。見有遲疾。迷人念佛求生於彼。悟人自淨其心。所以佛言。隨其心淨即佛土淨。使君東方人。但心淨即無罪。雖西方人。心不淨亦有愆。東方人造罪。念佛求生西方。西方人造罪。念佛求生何國。凡愚不了自性。不識身中淨土。願東願西。悟人在處一般。所以佛言。隨所住處恒安樂。使君心地但無不善。西方去此不遙。若懷不善之心。念佛往生難到。今勸善知識。先除十惡。即行十萬。後除八邪。乃過八千。念念見性。常行平直。到如彈指。便覩彌陀。使君但行十善。何須更願往生。不斷十惡之心。何佛即來迎請。若悟無生頓法。見西方只在剎那。不悟念佛求生。路遙如何得達。惠能與諸人。移西方於剎那間。目前便見。各願見否。眾皆頂禮云。若此處見。何須更願往生。願和尚慈悲。便現西方。普令得見。師言。大眾。世人自色身是城。眼耳鼻舌是門。外有五門。內有意門。心是地。性是王。王居心地上。性在王在。性去王無。性在身心存。性去身壞。佛向性中作。莫向身外求。自性迷即是眾生。自性覺即是佛。慈悲即是觀音。喜捨名為勢至。能淨即釋迦。平直即彌陀。人我是須彌。貪欲是海水。煩惱是波浪。毒害是惡龍。虛妄是鬼神。塵勞是魚鱉。貪瞋是地獄。愚癡是畜生。善知識。常行十善。天堂便至。除人我。須彌倒。去貪欲海水竭。煩惱無。波浪滅。毒害除魚龍絕。自心地上覺性如來。放大光明。外照六門。清淨。能破六欲諸天。自性內照。三毒即除。地獄等罪。一時銷滅。內外明徹。不異西方。不作此修。如何到彼。大眾聞說。了然見性。悉皆禮拜。俱歎善哉。唱言。普願法界眾生。聞者一時悟解。師言。善知識。若欲修行。在家亦得。不由在寺。在家能行。如東方人心善。在寺不修。如西方人心惡。但心清淨。即是自性西方。韋公又問。在家如何修行。願為教授。師言。吾與大眾說無相頌。但依此修。常與吾同處無別。若不依此修。剃髮出家。於道何益。頌曰。

心平何勞持戒	行直何用修禪
恩則孝養父母	義則上下相憐
讓則尊卑和睦	忍則眾惡無諠
若能鑽木出火	淤泥定生紅蓮
苦口的是良藥	逆耳必是忠言
改過必生智慧	護短心內非賢
日用常行饒益	成道非由施錢
菩提只向心覓	何勞向外求玄
聽說依此修行	西方只在目前

師復曰。善知識。總須依偈修行。見取自性。直成佛道。時不相待。眾人且散。吾歸曹溪。眾若有疑。却來相問。時刺史官僚。在會善男信女。各得開悟。信受奉行。

定慧第四

師示眾云。善知識。我此法門。以定慧為本。大眾。勿迷。言定慧別。定慧一體。不是二。定是慧體。慧是定用。即慧之時定在慧。即定之時慧在定。若識此義。即是定慧等學。諸學道人。莫言先定發慧．先慧發定各別。作此見者。法有二相。口說善語。心中不善。空有定慧。定慧不等。若心口俱善。內外一如。定慧即等。自悟修行。不在於諍。若諍先後。即同迷人。不斷勝負。却增我法。不離四相。善知識。定慧猶如何等。猶如燈光。有燈即光。無燈即闇。燈是光之體。光是燈之用。名雖有二。體本同一。此定慧法。亦復如是。

師示眾云。善知識。一行三昧者。於一切處行住坐臥。常行一直心是也。淨名云。直心是道場。直心是淨土。莫心行諂曲。口但說直。口說一行三昧。不行直心。但行直心。於一切法勿有執著。迷人著法相。執一行三昧。直言常坐不動。妄不起心。即是一行三昧。作此解者。即同無情。却是障道因緣。善知識。道須通流。何以却滯。心不住法。道即通流。心若住法。名為自縛。若言常坐不動是。只如舍利弗宴坐林中。却被維摩詰訶。善知識。又有人教坐。看心觀靜。不動不起。從此置功。迷人不會。便執成顛。如此者眾。如是相教。故知大錯。師示眾云。善知識。本來正教。無有頓漸。人性自有利鈍。迷人漸修。悟人頓契。自識本心。自見本性。即無差別。所以立頓漸之假名。善知識。我此法門。從上以來。先立無念為宗。無相為體。無住為本。無相者。於相而離相。無念者。於念而無念。無住者。人之本性。於世間善惡好醜。乃至冤之與親。言語觸刺欺爭之時。並將為空。不思酬害。念念之中。不思前境。若前念今念後念。念念相續不斷。名為繫縛。於諸法上。念念不住。即無縛也。此是以無住為本。善知識。外離一切相。名為無相。能離於相。即法體清淨。此是以無相為體。善知識。於諸境上。心不染。曰無念。於自念上。常離諸境。不於境上生心。若只百物不思。念盡除却。一念絕即死。別處受生。是為大錯。學道者思之。若不識法意。自錯。猶可。更誤他人。自迷不見。又謗佛經。所以立無念為宗。善知識。云何立無念為宗。只緣口說見性。迷人。於境上有念。念上便起邪見。一切塵勞妄想。從此而生。自性本無一法可得。若有所得。妄說禍福。即是塵勞邪見。故此法門立無念為宗。善知識。無者。無何事。念者。念何物。無者。無二相。無諸塵勞之心。念者。念真如本性。真如即是念之體。念即是真如之用。真如自性起念。非眼耳鼻舌能念。真如有性。所以起念。真如若無。眼耳色聲當時即壞。善知識。真如自性起念。六根雖有見聞覺知。不染萬境。而真性常自在。故經云。能善分別諸法相。於第一義而不動。

坐禪第五

師示眾云。此門坐禪。元不著心。亦不著淨。亦不是不動。若言著心。心元是妄。知心如幻。故。無所著也。若言著淨。人性本淨。由妄念故。蓋覆真如。但無妄想。性自清淨。起心著淨。却生淨妄。妄無處所著者是妄。淨無形相。却立淨相。言是工夫。作此見者。障自本性。却被淨縛。善知識。若修不動者。但見一切人時。不見人之是非善惡過患。即是自性不動。善知識。迷人身雖不動。開口便說他人是非長短好惡。與道違背。若著心著淨。即障道也。

師示眾云。善知識。何名坐禪。此法門中。無障無礙。外於一切善惡境界。心念不起。名為坐。內見自性不動。名為禪。善知識。何名禪定。外離相為禪。內不亂為定。外若著相。內心即亂。外若離相。心即不亂。本性自淨自定。只為見境思境即亂。若見諸境心不亂者。是真定也。善知識。外離相即禪。內不亂即定。外禪內定。是為禪定。菩薩戒經云。我本元自性清淨。善知識。於念念中。自見本性清淨。自修自行。自成佛道。

懺悔第六

時。大師。見廣韶洎四方士庶。駢集山中聽法。於是陞座告眾曰。來。諸善知識。此事須從自事中起。於一切時。念念自淨其心。自修自行。見自己法身。見自心佛。自度自戒。始得。不假於此。既從遠來。一會于此。皆共有緣。今可各各胡跪。先為傳自性五分法身香。次授無相懺悔。眾胡跪。師曰。一戒香。即自心中無非﹒無惡。無嫉妬無貪瞋無劫害。名戒香。二定香。即覩諸善惡境相。自心不亂。名定香。三慧香。自心無礙。常以智慧觀照自性。不造諸惡。雖修眾善。心不執著。敬上念下。矜恤孤貧。名慧香。四解脫香。即自心無所攀緣。不思善。不思惡。自在無礙。名解脫香。五解脫知見香。自心既無所攀緣善惡。不可沈空守寂。即須廣學多聞。識自本心。達諸佛理。和光接物。無我無人。直至菩提。真性不易。名解脫知見香。善知識。此香各自內熏。莫向外覓。今與汝等授無相懺悔。滅三世罪。令得三業清淨。善知識。各隨我語。一時道。弟子等。從前念﹒今念及後念。念念不被愚迷染。從前所有惡業﹒迷等罪。悉皆懺悔。願一時銷滅。永不復起。弟子等。從前念﹒今念及後念。念念不被憍誑染。從前所有惡業﹒憍誑等罪。悉皆懺悔。願一時銷滅。永不復起。弟子等。從前念﹒今念及後念。念念不被嫉妬染。從前所有惡業﹒嫉妬等罪。悉皆懺悔。願一時銷滅。永不復起。善知識。已上是為無相懺悔。云何名懺。云何名悔。懺者。懺其前愆。從前所有惡業。愚迷憍誑嫉妬等罪。悉皆盡懺。永不復起。是名為懺。悔者。悔其後過。從今以後。所有惡業。愚迷憍誑嫉妬等罪。今已覺悟。悉皆永斷。更不復作。是名為悔。故稱懺悔。凡夫愚迷。只知懺其前愆。不知悔其後過。以不悔故。前愆不滅。後過又生。前愆既不滅。後過復又生。何名懺悔。善知識。既懺悔已。與善知識發四弘誓願。各須用心正聽。自心眾生無邊誓願度。自心煩惱無邊誓願

斷。自性法門無盡誓願學。自性無上佛道誓願成。善知識。大家豈不道。眾生無邊誓
願度。恁麼道。且不是惠能度。善知識。心中眾生。所謂邪迷心．誑妄心．不善心
．嫉妒心．惡毒心。如是等心。盡是眾生。各須自性自度。是名真度。何名自性自度
。即自心中邪見煩惱愚癡眾生。將正見度。既有正見。使般若智打破愚癡迷妄眾生。
各各自度。邪來正度。迷來悟度。愚來智度。惡來善度。如是度者。名為真度。又煩
惱無邊誓願斷。將自性般若智。除卻虛妄思想心是也。又法門無盡誓願學。須自見性
。常行正法。是名真學。又無上佛道誓願成。既常能下心。行於真正。離迷離覺。常
生般若。除真除妄。即見佛性。即言下佛道成。常念修行。是願力法。善知識。今發
四弘願了。更與善知識。授無相三歸依戒。善知識。歸依覺。兩足尊。歸依正。離欲
尊。歸依淨。眾中尊。從今日去。稱覺為師。更不歸依邪魔外道。以自性三寶常自證
明。勸善知識。歸依自性三寶。佛者。覺也。法者。正也。僧者。淨也。自心歸依覺
。邪迷不生。少欲知足。能離財色。名兩足尊。自心歸依正。念念無邪見。以無邪見
故。即無人我貢高。貪愛執著。名離欲尊。自心歸依淨。一切塵勞愛欲境界。自性皆
不染著。名眾中尊。若修此行。是自歸依。凡夫不會。從日至夜。受三歸戒。若言歸
依佛。佛在何處。若不見佛。憑何所歸。言却成妄。善知識。各自觀察。莫錯用心。
經文分明言自歸依佛。不言歸依他佛。自佛不歸。無所依處。今既自悟。各須歸依自
心三寶。內調心性。外敬他人。是自歸依也。善知識。既歸依自三寶竟。各各志心。
吾與說一體三身自性佛。令汝等見三身。了然自悟自性。總隨我道。於自色身。歸依
清淨法身佛。於自色身。歸依圓滿報身佛。於自色身。歸依千百億化身佛。善知識。
色身是舍宅。不可言歸。向者三身佛。在自性中。世人總有。為自心迷。不見內性。
外覓三身如來。不見自身中有三身佛。汝等聽說。令汝等於自身中。見自性有三身佛
。此三身佛。從自性生。不從外得。何名清淨法身佛。世人性本清淨。萬法從自性生
。思量一切惡事。即生惡行。思量一切善事。即生善行。如是諸法在自性中。如天常
清。日月常明。為浮雲蓋覆。上明下暗。忽遇風吹雲散。上下俱明。萬象皆現。世人
性常浮游。如彼天雲。善知識。智如日。慧如月。智慧常明。於外著境。被妄念浮雲
蓋覆自性。不得明朗。若遇善知識。聞真正法。自除迷妄。內外明徹。於自性中萬法
皆現。見性之人。亦復如是。此名清淨法身佛。善知識。自心歸依自性。是歸依真佛
。自歸依者。除卻自性中不善心．嫉妒心．諂曲心．吾我心．誑妄心．輕人心．慢他
心．邪見心．貢高心。及一切時中不善之行。常自見己過。不說他人好惡。是自歸依
。常須下心。普行恭敬。即是見性通達。更無滯礙。是自歸依。何名圓滿報身。譬如
一燈能除千年闇。一智能滅萬年愚。莫思向前。已過不可得。常思於後。念念圓明。
自見本性。善惡雖殊。本性無二。無二之性。名為實性。於實性中。不染善惡。此名
圓滿報身佛。自性起一念惡。滅萬劫善因。自性起一念善。得恒沙惡盡。直至無上菩
提。念念自見。不失本念。名為報身。何名千百億化身。若不思萬法。性本如空。一

念思量。名為變化。思量惡事。化為地獄。思量善事。化為天堂。毒害化為龍蛇。慈悲化為菩薩。智慧化為上界。愚癡化為下方。自性變化甚多。迷人不能省覺。念念起惡。常行惡道。迴一念善。智慧即生。此名自性化身佛。善知識。法身本具。念念自性自見。即是報身佛。從報身思量。即是化身佛。自悟自修自性功德。是真歸依。皮肉是色身。色身是舍宅。不言歸依也。但悟自性三身。即識自性佛。吾有一無相頌。若能誦持。言下令汝積劫迷罪。一時銷滅。頌曰。

迷人修福不修道	只言修福便是道
布施供養福無邊	心中三惡元來造
擬將修福欲滅罪	後世得福罪還在
但向心中除罪緣	名自性中真懺悔
忽悟大乘真懺悔	除邪行正即無罪
學道常於自性觀	即與諸佛同一類
吾祖惟傳此頓法	普願見性同一體
若欲當來覓法身	離諸法相心中洗
努力自見莫悠悠	後念忽絕一世休
若悟大乘得見性	虔恭合掌至心求

　師言。善知識。總須誦取。依此修行。言下見性。雖去吾千里。如常在吾邊。於此言下不悟。即對面千里。何勤遠來。珍重好去。一眾聞法。靡不開悟。歡喜奉行。

機緣第七

　師自黃梅得法。回至韶州曹侯村。人無知者(他本云。師去時至曹侯村。住九月餘。然師自言。不經三十餘日便至黃梅。此求道之切。豈有逗留。作去時者非是)有儒士劉志略。禮遇甚厚。志略有姑為尼。名無盡藏。常誦大涅槃經。師暫聽。即知妙義。遂為解說。尼乃執卷問字。師曰。字即不識。義即請問。尼曰。字尚不識。焉能會義。師曰。諸佛妙理。非關文字。尼驚異之。遍告里中耆德云。此是有道之士。宜請供養。有魏(魏一作晉)武侯玄孫曹叔良。及居民。競來瞻禮。時。寶林古寺。自隋末兵火。已廢。遂於故基重建梵宇。延師居之。俄成寶坊。師住九月餘日。又為惡黨尋逐。師乃遯于前山。被其縱火焚草木。師隱身挨入石中得免。石今有師趺坐膝痕。及衣布之紋。因名避難石。師憶五祖懷會止藏之囑。遂行隱于二邑焉。

　僧法海。韶州曲江人也。初參祖師。問曰。即心即佛。願垂指諭。師曰。前念不生即心。後念不滅即佛。成一切相即心。離一切相即佛。吾若具說。窮劫不盡。聽吾偈曰。

即心名慧　　即佛乃定　　定慧等持
意中清淨　　悟此法門　　由汝習性
用本無生　　雙修是正

　　法海言下大悟。以偈讚曰。

即心元是佛　　不悟而自屈
我知定慧因　　雙修離諸物

　　僧法達。洪州人。七歲出家。常誦法華經。來禮祖師。頭不至地。師訶曰。禮不投地。何如不禮。汝心中必有一物。蘊習何事耶。曰。念法華經已及三千部。師曰。汝若念至萬部。得其經意。不以為勝。則與吾偕行。汝今負此事業。都不知過。聽吾偈曰。

禮本折慢幢　　頭奚不至地
有我罪即生　　亡功福無比

　　師又曰。汝名什麼。曰。法達。師曰。汝名法達。何曾達法。復說偈曰。

汝今名法達　　勤誦未休歇
空誦但循聲　　明心號菩薩
汝今有緣故　　吾今為汝說
但信佛無言　　蓮華從口發

　　達聞偈。悔謝曰。而今而後。當謙恭一切。弟子誦法華經。未解經義。心常有疑。和尚智慧廣大。願略說經中義理。師曰。法達。法即甚達。汝心不達。經本無疑。汝心自疑。汝念此經。以何為宗。達曰。學人根性闇鈍。從來但依文誦念。豈知宗趣。師曰。吾不識文字。汝試取經誦一遍。吾當為汝解說。法達即高聲念經。至譬喻品。師曰。止。此經元來以因緣出世為宗。縱說多種譬喻。亦無越於此。何者因緣。經云。諸佛世尊。唯以一大事因緣出現於世。一大事者。佛之知見也。世人外迷著相。內迷著空。若能於相離相。於空離空。即是內外不迷。若悟此法。一念心開。是為開佛知見。佛。猶覺也。分為四門。開覺知見。示覺知見。悟覺知見。入覺知見。若聞開示。便能悟入。即覺知見。本來真性而得出現。汝慎勿錯解經意。見他道。開示悟入。自是佛之知見。我輩無分。若作此解。乃是謗經毀佛也。彼既是佛。已具知見。何用更開。汝今當信。佛知見者。只汝自心。更無別佛。蓋為一切眾生。自蔽光明。貪愛塵境。外緣內擾。甘受驅馳。便勞他世尊。從三昧起。種種苦口。勸令寢息。莫向外求與佛無二。故云。開佛知見。吾亦勸一切人。於自心中。常開佛之知見。世人心邪。愚迷造罪。口善心惡。貪瞋嫉妒。諂佞我慢。侵人害物。自開眾生知見。若能正心。常生智慧。觀照自心。止惡行善。是自開佛之知見。汝須念念開佛知見。勿開眾生知見。開佛知見。即是出世。開眾生知見。即是世間。汝若但勞勞執念。以為功課者。何異犛牛愛尾。達曰。若然者。但得解義。不勞誦經耶。師曰。經有何過。豈

障汝念。只為迷悟在人。損益由己。口誦心行。即是轉經。口誦心不行。即是被經轉。聽吾偈曰。

心迷法華轉　　心悟轉法華
誦經久不明　　與義作讎家
無念念即正　　有念念成邪
有無俱不計　　長御白牛車

　　達聞偈。不覺悲泣。言下大悟。而告師曰。法達從昔已來。實未曾轉法華。乃被法華轉。再啟曰。經云。諸大聲聞乃至菩薩。皆盡思共度量。不能測佛智。今令凡夫但悟自心。便名佛之知見。自非上根。未免疑謗。又經說三車。羊鹿牛車與白牛之車。如何區別。願和尚再垂開示。師曰。經意分明。汝自迷背。諸三乘人。不能測佛智者。患在度量也。饒伊盡思共推。轉加懸遠。佛本為凡夫說。不為佛說。此理。若不肯信者。從他退席。殊不知。坐却白牛車。更於門外覓三車。況經文明向汝道。唯一佛乘。無有餘乘。若二若三。乃至無數方便。種種因緣．譬喻言詞。是法皆一佛乘故。汝何不省。三車是假。為昔時故。一乘是實。為今時故。只教汝去假歸實。歸實之後。實亦無名。應知所有珍財。盡屬於汝。由汝受用。更不作父想。亦不作子想。亦無用想。是名持法華經。從劫至劫。手不釋卷。從晝至夜。無不念時也。達蒙啟發。踊躍歡喜。以偈讚曰。

經誦三千部　　曹溪一句亡
未明出世旨　　寧歇累生狂
羊鹿牛權設　　初中後善揚
誰知火宅內　　元是法中王

　　師曰。汝今後方可名念經僧也。達從此領玄旨。亦不輟誦經。

　　僧智通。壽州安豐人。初看楞伽經。約千餘遍。而不會三身四智。禮師求解其義。師曰。三身者。清淨法身。汝之性也。圓滿報身。汝之智也。千百億化身。汝之行也。若離本性。別說三身。即名有身無智。若悟三身無有自性。即明四智菩提。聽吾偈曰。

自性具三身　　發明成四智
不離見聞緣　　超然登佛地
吾今為汝說　　諦信永無迷
莫學馳求者　　終日說菩提

　　通再啟曰。四智之義。可得聞乎。師曰。既會三身。便明四智。何更問耶。若離三身。別談四智。此名有智無身。即此有智。還成無智。復說偈曰。

大圓鏡智性清淨　　平等性智心無病
妙觀察智見非功　　成所作智同圓鏡

五八六七果因轉　　但用名言無實性
若於轉處不留情　　繁興永處那伽定

　　(如上轉識為智也。教中云。轉前五識為成所作智。轉第六識為妙觀察智。轉第七識為平等性智。轉第八識為大圓鏡智。雖六七因中轉。五八果上轉。但轉其名而不轉其體也)。

　　通頓悟性智。遂呈偈曰。
三身元我體　　四智本心明
身智融無礙　　應物任隨形
起修皆妄動　　守住匪真精
妙旨因師曉　　終亡染污名

　　僧智常。信州貴溪人。髫年出家。志求見性。一日參禮。師問曰。汝從何來。欲求何事。曰。學人近往洪州白峯山。禮大通和尚。蒙示見性成佛之義。未決狐疑。遠來投禮。伏望和尚慈悲指示。師曰。彼有何言句。汝試舉看。曰。智常到彼。凡經三月。未蒙示誨。為法切故。一夕獨入丈室。請問。如何是某甲本心本性。大通乃曰。汝見虛空否。對曰。見。彼曰。汝見虛空有相貌否。對曰。虛空無形。有何相貌。彼曰。汝之本性。猶如虛空。了無一物可見。是名正見。無一物可知。是名真知。無有青黃長短。但見本源清淨。覺體圓明。即名見性成佛。亦名如來知見。學人雖聞此說。猶未決了。乞和尚開示。師曰。彼師所說。猶存見知。故令汝未了。吾今示汝一偈。

不見一法存無見　　大似浮雲遮日面
不知一法守空知　　還如太虛生閃電
此之知見瞥然興　　錯認何曾解方便
汝當一念自知非　　自己靈光常顯現

　　常聞偈已。心意豁然。乃述偈曰。
無端起知見　　著相求菩提
情存一念悟　　寧越昔時迷
自性覺源體　　隨照枉遷流
不入祖師室　　茫然趣兩頭

　　智常一日問師曰。佛說三乘法。又言最上乘。弟子未解。願為教授。師曰。汝觀自本心。莫著外法相。法無四乘。人心自有等差。見聞轉誦是小乘。悟法解義是中乘。依法修行是大乘。萬法盡通。萬法俱備。一切不染。離諸法相。一無所得。名最上乘。乘是行義。不在口爭。汝須自修。莫問吾也。一切時中。自性自如。常禮謝執侍。終師之世。

　　僧志道。廣州南海人也。請益曰。學人自出家。覽涅槃經十載有餘。未明大意。願和尚垂誨。師曰。汝何處未明。曰。諸行無常。是生滅法。生滅滅已。寂滅為樂。

於此疑惑。師曰。汝作麼生疑。曰。一切眾生皆有二身。謂色身法身也。色身無常。有生有滅。法身有常。無知無覺。經云。生滅滅已。寂滅為樂者。不審何身寂滅。何身受樂。若色身者。色身滅時。四大分散。全然是苦。苦不可言樂。若法身寂滅。即同草木瓦石。誰當受樂。又法性是生滅之體。五蘊是生滅之用。一體五用。生滅是常。生。則從體起用。滅則攝用歸體。若聽更生。即有情之類。不斷不滅。若不聽更生。則永歸寂滅。同於無情之物。如是。則一切諸法被涅槃之所禁伏。尚不得生。何樂之有。師曰。汝是釋子。何習外道斷常邪見。而議最上乘法。據汝所說。即色身外別有法身。離生滅求於寂滅。又推涅槃常樂。言有身受用。斯乃執悋生死。耽著世樂。汝今當知。佛為一切迷人。認五蘊和合為自體相。分別一切法為外塵相。好生惡死。念念遷流。不知夢幻虛假。枉受輪迴。以常樂涅槃。翻為苦相。終日馳求。佛愍此故。乃示涅槃真樂。剎那無有生相。剎那無有滅相。更無生滅可滅。是則寂滅現前。當現前時。亦無現前之量。乃謂常樂。此樂無有受者。亦無不受者。豈有一體五用之名。何況更言涅槃禁伏諸法。令永不生。斯乃謗佛毀法。聽吾偈曰。

無上大涅槃	圓明常寂照
凡愚謂之死	外道執為斷
諸求二乘人	目以為無作
盡屬情所計	六十二見本
妄立虛假名	何為真實義
惟有過量人	通達無取捨
以知五蘊法	及以蘊中我
外現眾色象	一一音聲相
平等如夢幻	不起凡聖見
不作涅槃解	二邊三際斷
常應諸根用	而不起用想
分別一切法	不起分別想
劫火燒海底	風鼓山相擊
真常寂滅樂	涅槃相如是
吾今彊言說	令汝捨邪見
汝勿隨言解	許汝知少分

志道聞偈大悟。踊躍作禮而退。

行思禪師。生吉州安城劉氏。聞曹溪法席盛化。徑來參禮。遂問曰。當何所務。即不落階級。師曰。汝曾作什麼來。曰。聖諦亦不為。師曰。落何階級。曰。聖諦尚不為。何階級之有。師深器之。令思首眾。一日。師謂曰。汝當分化一方。無令斷絕。思既得法。遂回吉州青原山。弘法紹化(諡弘濟禪師)

。
　　懷讓禪師。金州杜氏子也。初謁嵩山安國師。安發之曹溪參扣。讓至禮拜。師曰
。甚處來。曰。嵩山。師曰。什麼物。恁麼來。曰。說似一物即不中。師曰。還可修
證否。曰。修證即不無。污染即不得。師曰。只此不污染。諸佛之所護念。汝既如是
。吾亦如是。西天般若多羅讖。汝足下出一馬駒。踏殺天下人。應在汝心。不須速說
(一本無西天以下二十七字)
讓豁然契會。遂執侍左右一十五載。日臻玄奧。後往南嶽。大闡禪宗(勅諡大慧禪師)
　。
　　永嘉玄覺禪師。溫州戴氏子。少習經論。精天台止觀法門。因看維摩經。發明心
地。偶師弟子玄策。相訪。與其劇談。出言暗合諸祖。策云。仁者得法師誰。曰。我
聽方等經論。各有師承。後於維摩經。悟佛心宗。未有證明者。策云。威音王已前即
得。威音王已後。無師自悟。盡是天然外道。曰。願仁者為我證據。策云。我言輕。
曹溪有六祖大師。四方雲集。並是受法者。若去。則與偕行。覺遂同策來參。繞師三
匝。振錫而立。師曰。夫沙門者。具三千威儀。八萬細行。大德自何方而來。生大我
慢。覺曰。生死事大。無常迅速。師曰。何不體取無生。了無速乎。曰。體即無生。
了本無速。師曰。如是。如是。玄覺方具威儀禮拜。須臾告辭。師曰。返太速乎。曰
。本自非動。豈有速耶。師曰。誰知非動。曰。仁者自生分別。師曰。汝甚得無生之
意。曰。無生豈有意耶。師曰。無意誰當分別。曰。分別亦非意。師曰。善哉。少留
一宿。時謂一宿覺。後著證道歌。盛行于世(諡曰無相大師。時稱為真覺焉)
　。
　　禪者智隍。初參五祖。自謂已得正受。菴居長坐。積二十年。師弟子玄策。游方
至河朔。聞隍之名。造菴問云。汝在此作什麼。隍曰。入定。策云。汝云入定。為有
心入耶。無心入耶。若無心入者。一切無情草木瓦石。應合得定。若有心入者。一切
有情含識之流。亦應得定。隍曰。我正入定時。不見有有無之心。策云。不見有有無
之心。即是常定。何有出入。若有出入。即非大定。隍無對。良久。問曰。師嗣誰耶
。策云。我師曹溪六祖。隍云。六祖以何為禪定。策云。我師所說。妙湛圓寂。體用
如如。五陰本空。六塵非有。不出不入。不定不亂。禪性無住。離住禪寂。禪性無生
。離生禪想。心如虛空。亦無虛空之量。隍聞是說。徑來謁師。師問云。仁者何來。
隍具述前緣。師云。誠如所言。汝但心如虛空。不著空見。應用無礙。動靜無心。凡
聖情忘。能所俱泯。性相如如。無不定時也(一本無汝但以下三十五字。止云。師憫其遠來。
遂垂開決)
隍於是大悟。二十年所得心。都無影響。其夜河北士庶。聞空中有聲云。隍禪師今日
得道。隍後禮辭。復歸河北。開化四眾。一僧問師云。黃梅意旨。甚麼人得。師云。
會佛法人得。僧云。和尚還得否。師云。我不會佛法。

312

師一日欲濯所授之衣。而無美泉。因至寺後五里許。見山林鬱茂。瑞氣盤旋。師振錫卓地。泉應手而出。積以為池。乃跪膝浣衣。石上。忽有一僧來禮拜。云。方辯是西蜀人。昨於南天竺國。見達磨大師。囑方辯速往唐土。吾傳大迦葉正法眼藏。及僧伽梨。見傳六代。於韶州曹溪。汝去瞻禮。方辯遠來。願見我師傳來衣鉢。師乃出示。次問。上人攻何事業。曰。善塑。師正色曰。汝試塑看。辯罔措。過數日。塑就。真相。可高七寸。曲盡其妙。師笑曰。汝只解塑性。不解佛性。師舒手摩方辯頂。曰。永為人天福田(師仍以衣酬之。辯取衣分為三。一披塑像。一自留。一用椶裹瘞地中。誓曰。後得此衣。乃吾出世。住持於此。重建殿宇。宋嘉祐八年。有僧惟先。修殿掘地。得衣如新。像在高泉寺。祈禱輒應)

有僧舉臥輪禪師偈曰。

臥輪有伎倆　能斷百思想

對境心不起　菩提日日長

　師聞之。曰。此偈未明心地。若依而行之。是加繫縛。因示一偈曰。

惠能沒伎倆　不斷百思想

對境心數起　菩提作麼長

頓漸第八

時。祖師居曹溪寶林。神秀大師在荊南玉泉寺。于時兩宗盛化。人皆稱南能北秀。故有南北二宗頓漸之分。而學者莫知宗趣。師謂眾曰。法本一宗。人有南北。法即一種。見有遲疾。何名頓漸。法無頓漸。人有利鈍。故名頓漸。然秀之徒眾。往往譏南宗祖師。不識一字。有何所長。秀曰。他得無師之智。深悟上乘。吾不如也。且吾師五祖。親傳衣法。豈徒然哉。吾恨不能遠去親近。虛受國恩。汝等諸人。毋滯於此。可往曹溪參決。一日。命門人志誠曰。汝聰明多智。可為吾到曹溪聽法。若有所聞。盡心記取。還為吾說。志誠稟命至曹溪。隨眾參請。不言來處。時祖師告眾曰。今有盜法之人。潛在此會。志誠即出禮拜。具陳其事。師曰。汝從玉泉來。應是細作。對曰。不是。師曰。何得不是。對曰。未說即是。說了不是。師曰。汝師若為示眾。對曰。常指誨大眾。住心觀靜。長坐不臥。師曰。住心觀靜是病非禪。長坐拘身。於理何益。聽吾偈曰。

生來坐不臥　死去臥不坐

一具臭骨頭　何為立功課

志誠再拜曰。弟子在秀大師處。學道九年。不得契悟。今聞和尚一說。便契本心。弟子生死事大。和尚大慈。更為教示。師云。吾聞汝師教示學人戒定慧法。未審汝師說戒定慧。行相如何。與吾說看。誠曰。秀大師說。諸惡莫作名為戒。諸善奉行名為慧。自淨其意名為定。彼說如此。未審和尚以何法誨人。師曰。吾若言有法與人。

即為誑汝。但且隨方解縛。假名三昧。如汝師所說戒定慧。實不可思議。吾所見戒定慧又別。志誠曰。戒定慧只合一種。如何更別。師曰。汝師戒定慧接大乘人。吾戒定慧接最上乘人。悟解不同。見有遲疾。汝聽吾說。與彼同否。吾所說法。不離自性。離體說法。名為相說。自性常迷。須知一切萬法。皆從自性起用。是真戒定慧法。聽吾偈曰。

心地無非自性戒　　心地無癡自性慧
心地無亂自性定　　不增不減自金剛
身去身來本三昧

誠聞偈。悔謝。乃呈一偈曰。

五蘊幻身　　幻何究竟　　迴趣真如
法還不淨

師然之。復語誠曰。汝師戒定慧。勸小根智人。吾戒定慧。勸大根智人。若悟自性。亦不立菩提涅槃。亦不立解脫知見。無一法可得。方能建立萬法。若解此意。亦名佛身。亦名菩提涅槃。亦名解脫知見。見性之人。立亦得。不立亦得。去來自由。無滯無礙。應用隨作。應語隨答。普見化身。不離自性。即得自在神通游戲三昧。是名見性。志誠再啟師曰。如何是不立義。師曰。自性無非．無癡．無亂。念念般若觀照。常離法相。自由自在。縱橫盡得。有何可立。自性自悟。頓悟頓修。亦無漸次。所以不立一切法。諸法寂滅。有何次第。志誠禮拜。願為執侍。朝夕不懈(誠吉州太和人也)。

僧志徹。江西人。本姓張。名行昌。少任俠。自南北分化。二宗主雖亡彼我。而徒侶競起愛憎。時北宗門人。自立秀師為第六祖。而忌祖師傳衣為天下聞。乃囑行昌來刺師。師心通。預知其事。即置金十兩於座間。時夜暮。行昌入祖室。將欲加害。師舒頸就之。行昌揮刃者三。悉無所損。師曰。正劍不邪。邪劍不正。只負汝金。不負汝命。行昌驚仆。久而方蘇。求哀悔過。即願出家。師遂與金。言。汝且去。恐徒眾翻害於汝。汝可他日易形而來。吾當攝受。行昌稟旨宵遁。後投僧出家。具戒精進。一日。憶師之言。遠來禮覲。師曰。吾久念汝。汝來何晚。曰。昨蒙和尚捨罪。今雖出家苦行。終難報德。其惟傳法度生乎。弟子常覽涅槃經。未曉常．無常義。乞和尚慈悲。略為解說。師曰。無常者。即佛性也。有常者。即一切善惡諸法分別心也。曰。和尚所說。大違經文。師曰。吾傳佛心印。安敢違於佛經。曰。經說佛性是常。和尚却言無常。善惡之法乃至菩提心。皆是無常。和尚却言是常。此即相違。令學人轉加疑惑。師曰。涅槃經。吾昔聽尼無盡藏讀誦一遍。便為講說。無一字一義不合經文。乃至為汝。終無二說。曰。學人識量淺昧。願和尚委曲開示。師曰。汝知否。佛性若常。更說什麼善惡諸法。乃至窮劫無有一人發菩提心者。故吾說無常。正是佛說真常之道也。又。一切諸法若無常者。即物物皆有自性。容受生死。而真常性有不遍

之處。故吾說常者。正是佛說真無常義。佛比為凡夫外道執於邪常。諸二乘人於常計無常。共成八倒。故於涅槃了義教中。破彼偏見。而顯說真常真樂真我真淨。汝今依言背義。以斷滅無常。及確定死常。而錯解佛之圓妙最後微言。縱覽千遍。有何所益。行昌忽然大悟。說偈曰。

因守無常心　　佛說有常性
不知方便者　　猶春池拾礫
我今不施功　　佛性而現前
非師相授與　　我亦無所得

師曰。汝今徹也。宜名志徹。徹禮謝而退。

有一童子。名神會。襄陽高氏子。年十三。自玉泉來參禮。師曰。知識遠來艱辛。還將得本來否。若有本則合識主。試說看。會曰。以無住為本。見即是主。師曰。這沙彌爭合取次語。會乃問曰。和尚坐禪。還見不見。師以柱杖打三下。云。吾打汝痛不痛。對曰。亦痛亦不痛。師曰。吾亦見亦不見。神會問。如何是亦見亦不見。師云。吾之所見。常見自心過愆。不見他人是非好惡。是以亦見亦不見。汝言亦痛亦不痛如何。汝若不痛。同其木石。若痛。則同凡夫。即起恚恨。汝向前見．不見是二邊。痛．不痛是生滅。汝自性且不見。敢爾弄人。神會禮拜悔謝。師又曰。汝若心迷不見。問善知識覓路。汝若心悟。即自見性。依法修行。汝自迷不見自心。却來問吾見與不見。吾見自知。豈代汝迷。汝若自見。亦不代吾迷。何不自知自見。乃問吾見與不見。神會再禮百餘拜。求謝過愆。服勤給侍。不離左右。一日。師告眾曰。吾有一物。無頭無尾。無名無字。無背無面。諸人還識否。神會出曰。是諸佛之本源。神會之佛性。師曰。向汝道。無名無字。汝便喚作本源佛性。汝向去有把茆蓋頭。也只成箇知解宗徒。祖師滅後。會入京洛。大弘曹溪頓教。著顯宗記。盛行于世(是為荷澤禪師)。

師見諸宗難問。咸起惡心。多集座下。愍而謂曰。學道之人。一切善念惡念。應當盡除。無名可名。名於自性。無二之性。是名實性。於實性上建立一切教門。言下便須自見。諸人聞說。總皆作禮。請事為師。

宣詔第九

神龍元年上元日。則天．中宗詔云。朕請安．秀二師。宮中供養。萬機之暇。每究一乘。二師推讓云。南方有能禪師。密授忍大師衣法。傳佛心印。可請彼問。今遣內侍薛簡。馳詔迎請。願師慈念。速赴上京。師上表辭疾。願終林麓。薛簡曰。京城禪德皆云。欲得會道。必須坐禪習定。若不因禪定而得解脫者。未之有也。未審師所說法如何。師曰。道由心悟。豈在坐也。經云。若言如來若坐若臥。是行邪道。何故

。無所從來。亦無所去。無生無滅。是如來清淨禪。諸法空寂。是如來清淨坐。究竟無證。豈況坐耶。簡曰。弟子回京。主上必問。願師慈悲。指示心要。傳奏兩宮。及京城學道者。譬如一燈。然百千燈。冥者皆明。明明無盡。師云。道無明暗。明暗是代謝之義。明明無盡。亦是有盡。相待立名故。淨名經云。法無有比。無相待故。簡曰。明喻智慧。暗喻煩惱。修道之人。倘不以智慧照破煩惱。無始生死。憑何出離。師曰。煩惱即是菩提。無二無別。若以智慧照破煩惱者。此是二乘見解。羊鹿等機。上智大根。悉不如是。簡曰。如何是大乘見解。師曰。明與無明。凡夫見二。智者了達。其性無二。無二之性。即是實性。實性者。處凡愚而不減。在賢聖而不增。住煩惱而不亂。居禪定而不寂。不斷不常。不來不去。不在中間。及其內外。不生不滅。性相如如。常住不遷。名之曰道。簡曰。師說不生不滅。何異外道。師曰。外道所說不生不滅者。將滅止生。以生顯滅。滅猶不滅。生說不生。我說不生不滅者。本自無生。今亦不滅。所以不同外道。汝若欲知心要。但一切善惡。都莫思量。自然得入清淨心體。湛然常寂。妙用恒沙。簡蒙指教。豁然大悟。禮辭歸闕。表奏師語。其年九月三日。有詔獎諭師曰。師辭老疾。為朕修道。國之福田。師若淨名托疾毘耶。闡揚大乘。傳諸佛心。談不二法。薛簡傳師指授如來知見。朕積善餘慶。宿種善根。值師出世。頓悟上乘。感荷師恩。頂戴無已。并奉磨衲袈裟。及水晶鉢。勅韶州刺史修飾寺宇。賜師舊居為國恩寺。

付囑第十

　師一日喚門人法海．志誠．法達．神會．智常．智通．志徹．志道．法珍．法如等。曰。汝等不同餘人。吾滅度後。各為一方師。吾今教汝說法。不失本宗。先須舉三科法門。動用三十六對。出沒即離兩邊。說一切法。莫離自性。忽有人問汝法。出語盡雙。皆取對法。來去相因。究竟二法盡除。更無去處。三科法門者。陰界入也。陰是五陰。色．受．想．行．識是也。入是十二入。外六塵色．聲．香．味．觸．法。內六門眼．耳．鼻．舌．身．意是也。界是十八界。六塵．六門．六識是也。自性能含萬法。名含藏識。若起思量。即是轉識。生六識。出六門。見六塵。如是一十八界。皆從自性起用。自性若邪。起十八邪。自性若正。起十八正。若惡用即眾生用。善用即佛用。用由何等。由自性有。對法外境。無情五對。天與地對。日與月對。明與暗對。陰與陽對。水與火對。此是五對也。法相語言十二對。語與法對。有與無對。有色與無色對。有相與無相對。有漏與無漏對。色與空對。動與靜對。清與濁對。凡與聖對。僧與俗對。老與少對。大與小對。此是十二對也。自性起用十九對。長與短對。邪與正對。癡與慧對。愚與智對。亂與定對。慈與毒對。戒與非對。直與曲對。實與虛對。險與平對。煩惱與菩提對。常與無常對。悲與害對。喜與瞋對。捨與慳對。進與退對。生與滅對。法身與色身對。化身與報身對。此是十九對也。師言。此

三十六對法。若解用。即道。貫一切經法。出入即離兩邊。自性動用。共人言語。外於相離相。內於空離空。若全著相。即長邪見。若全執空。即長無明。執空之人有謗經。直言不用文字。既云不用文字。人亦不合語言。只此語言。便是文字之相。又云。直道不立文字。即此不立兩字。亦是文字。見人所說。便即謗他言著文字。汝等須知。自迷猶可。又謗佛經。不要謗經。罪障無數。若著相於外。而作法求真。或廣立道場。說有無之過患。如是之人。累劫不得見性。但聽依法修行。又莫百物不思。而於道性窒礙。若聽說不修。令人反生邪念。但依法修行。無住相法施。汝等若悟。依此說。依此用。依此行。依此作。即不失本宗。若有人問汝義。問有將無對。問無將有對。問凡以聖對。問聖以凡對。二道相因。生中道義。如一問一對。餘問一依此作。即不失理也。設有人問。何名為闇。答云。明是因。闇是緣。明沒即闇。以明顯闇。以闇顯明。來去相因。成中道義。餘問悉皆如此。汝等於後傳法。依此轉相教授。勿失宗旨。

　　師於太極元年壬子。延和七月(是年五月改延和。八月玄宗即位。方改元先天。次年遂改開元。他本作先天者非)命門人往新州國恩寺建塔。仍令促工。次年夏末落成。七月一日。集徒眾曰。吾至八月。欲離世間。汝等有疑。早須相問。為汝破疑。令汝迷盡。吾若去後。無人教汝。法海等聞。悉皆涕泣。惟有神會。神情不動。亦無涕泣。師云。神會小師。却得善不善等。毀譽不動。哀樂不生。餘者不得。數年山中。竟修何道。汝今悲泣。為憂阿誰。若憂吾不知去處。吾自知去處。吾若不知去處。終不預報於汝。汝等悲泣。蓋為不知吾去處。若知吾去處。即不合悲泣。法性本無生滅去來。汝等盡坐。吾與汝說一偈。名曰真假動靜偈。汝等誦取此偈。與吾意同。依此修行。不失宗旨。眾僧作禮。請師說偈。偈曰。

一切無有真	不以見於真
若見於真者	是見盡非真
若能自有真	離假即心真
自心不離假	無真何處真
有情即解動	無情即不動
若修不動行	同無情不動
若覓真不動	動上有不動
不動是不動	無情無佛種
能善分別相	第一義不動
但作如此見	即是真如用
報諸學道人	努力須用意
莫於大乘門	却執生死智
若言下相應	即共論佛義

若實不相應　　合掌令歡喜
此宗本無諍　　諍即失道意
執逆諍法門　　自性入生死

　　時。徒眾聞說偈已。普皆作禮。並體師意。各各攝心。依法修行。更不敢諍。乃知大師不久住世。法海上座。再拜問曰。和尚入滅之後。衣法當付何人。師曰。吾於大梵寺說法。以至于今抄錄流行。目曰法寶壇經。汝等守護。遞相傳授。度諸群生。但依此說。是名正法。今為汝等說法。不付其衣。蓋為汝等信根淳熟。決定無疑。堪任大事。然據先祖達磨大師。付授偈意。衣不合傳。偈曰。

吾本來茲土　　傳法救迷情
一華開五葉　　結果自然成

　　師復曰。諸善知識。汝等各各淨心。聽吾說法。若欲成就種智。須達一相三昧。一行三昧。若於一切處而不住相。於彼相中不生憎愛。亦無取捨。不念利益成壞等事。安閒恬靜。虛融澹泊。此名一相三昧。若於一切處。行住坐臥。純一直心。不動道場。真成淨土。此名一行三昧。若人具二三昧。如地有種。含藏長養。成熟其實。一相一行。亦復如是。我今說法。猶如時雨。普潤大地。汝等佛性。譬諸種子。遇茲霑洽。悉得發生。承吾旨者。決獲菩提。依吾行者。定證妙果。聽吾偈曰。

心地含諸種　　普雨悉皆萌
頓悟華情已　　菩提果自成

　　師說偈已。曰。其法無二。其心亦然。其道清淨。亦無諸相。汝等慎勿觀靜。及空其心。此心本淨。無可取捨。各自努力。隨緣好去。爾時徒眾作禮而退。

　　大師。七月八日。忽謂門人曰。吾欲歸新州。汝等速理舟楫。大眾哀留甚堅。師曰。諸佛出現。猶示涅槃。有來必去。理亦常然。吾此形骸。歸必有所。眾曰。師從此去。早晚可回。師曰。葉落歸根。來時無口。又問曰。正法眼藏。傳付何人。師曰。有道者得。無心者通。又問。後莫有難否。師曰。吾滅後五六年。當有一人來取吾首。聽吾記曰。頭上養親。口裏須餐。遇滿之難。楊柳為官。又云。吾去七十年。有二菩薩。從東方來。一出家。一在家。同時興化。建立吾宗。締緝伽藍。昌隆法嗣。問曰。未知從上佛祖應現已來。傳授幾代。願垂開示。師云。古佛應世。已無數量。不可計也。今以七佛為始。過去莊嚴劫。毘婆尸佛．尸棄佛．毘舍浮佛。今賢劫。拘留孫佛．拘那含牟尼佛．迦葉佛．釋迦文佛。是為七佛。

　　已上七佛今以釋迦文佛首傳。

　　第一摩訶迦葉尊者　第二阿難尊者　第三商那和修尊者　第四優波毱多尊者　第五提多迦尊者　第六彌遮迦尊者　第七婆須蜜多尊者　第八佛馱難提尊者　第九伏馱蜜多尊者　第十脇尊者　十一富那夜奢尊者　十二馬鳴大士　十三迦毘摩羅尊者　十四龍樹大士　十五迦那提婆尊者　十六羅睺羅多尊者　十七僧伽難提尊者　十八伽耶

舍多尊者　十九鳩摩羅多尊者　二十闍耶多尊者　二十一婆修盤頭尊者　二十二摩拏
羅尊者二十三鶴勒那尊者　二十四師子尊者二十五婆舍斯多尊者　二十六不如蜜多尊
者　二十七般若多羅尊者　二十八菩提達磨尊者(此土是為初祖)　二十九慧可大師　三
十僧璨大師　三十一道信大師　三十二弘忍大師

惠能是為三十三祖。從上諸祖。各有稟承。汝等向後。遞代流傳毋令乖誤。

大師。先天二年癸丑歲。八月初三日(是年十二月改元開元)
於國恩寺齋罷。謂諸徒眾曰。汝等各依位坐。吾與汝別。法海白言。和尚。留何教法
。令後代迷人得見佛性。師言。汝等諦聽。後代迷人。若識眾生。即是佛性。若不識
眾生。萬劫覓佛難逢。吾今教汝。識自心眾生。見自心佛性。欲求見佛。但識眾生。
只為眾生迷佛。非是佛迷眾生。自性若悟。眾生是佛。自性若迷。佛是眾生。自性平
等。眾生是佛。自性邪險。佛是眾生。汝等心若險曲。即佛在眾生中。一念平直。即
是眾生成佛。我心自有佛。自佛是真佛。自若無佛心。何處求真佛。汝等自心是佛。
更莫狐疑。外無一物而能建立。皆是本心生萬種法。故經云。心生種種法生。心滅種
種法滅。吾今留一偈。與汝等別。名自性真佛偈。後代之人。識此偈意。自見本心。
自成佛道。偈曰。

真如自性是真佛　　邪見三毒是魔王
邪迷之時魔在舍　　正見之時佛在堂
性中邪見三毒生　　即是魔王來住舍
正見自除三毒心　　魔變成佛真無假
法身報身及化身　　三身本來是一身
若向性中能自見　　即是成佛菩提因
本從化身生淨性　　淨性常在化身中
性使化身行正道　　當來圓滿真無窮
婬性本是淨性因　　除婬即是淨性身
性中各自離五欲　　見性剎那即是真
今生若遇頓教門　　忽悟自性見世尊
若欲修行覓作佛　　不知何處擬求真
若能心中自見真　　有真即是成佛因
不見自性外覓佛　　起心總是大癡人
頓教法門今已留　　救度世人須自修
報汝當來學道者　　不作此見大悠悠

師說偈已。告曰。汝等好住。吾滅度後。莫作世情悲泣雨淚。受人弔問。身著孝
服。非吾弟子。亦非正法。但識自本心。見自本性。無動無靜。無生無滅。無去無來
。無是無非。無住無往。恐汝等心迷。不會吾意。今再囑汝。令汝見性。吾滅度後。

319

依此修行。如吾在日。若違吾教。縱吾在世。亦無有益。復說偈曰。

　　兀兀不修善　　騰騰不造惡

　　寂寂斷見聞　　蕩蕩心無著

　　師說偈已。端坐至三更。忽謂門人曰。吾行矣。奄然遷化。于時異香滿室。白虹屬地。林木變白。禽獸哀鳴。十一月。廣韶新三郡官僚。洎門人僧俗。爭迎真身。莫決所之。乃焚香禱曰。香煙指處。師所歸焉。時香煙直貫曹溪。十一月十三日。遷神龕併所傳衣鉢而回。次年七月出龕。弟子方辯以香泥上之。門人憶念取首之記。仍以鐵葉漆布。固護師頸入塔。忽於塔內白光出現。直上衝天。三日始散。韶州奏聞。奉勅立碑。紀師道行。師春秋七十有六。年二十四傳衣。三十九祝髮。說法利生。三十七載。嗣法四十三人。悟道超凡者莫知其數。達磨所傳信衣(西域屈昫布也)中宗賜磨衲寶鉢。及方辯塑師真相。并道具。永鎮寶林道場。留傳壇經。以顯宗旨。興隆三寶。普利群生者。

六祖大師法寶壇經(終)

附錄

六祖大師緣記外記

門人法海等集

　　大師名惠能。父盧氏。諱行瑫。唐武德三年九月。左官新州。母李氏先夢。庭前白華競發。白鶴雙飛。異香滿室。覺而有娠。遂潔誠齋戒。懷姙六年師乃生焉。唐貞觀十二年戊戌歲二月八日子時也。時毫光騰空。香氣芬馥黎明有二僧造謁。謂師之父曰。夜來生兒。專為安名。可上惠下能也。父曰。何名惠能。僧曰。惠者以法惠濟眾生。能者能作佛事。言畢而出。不知所之。師不飲母乳。遇夜神人灌以甘露。三歲父喪。葬於宅畔。母守志鞠養。既長鬻薪供母。年二十有四。聞經有省。往黃梅參禮。五祖器之。付衣法令嗣祖位。時龍朔元年辛酉歲也。南歸隱遯。至儀鳳元年丙子正月八日。會印宗法師。詰論玄奧。印宗悟契師旨。是月十五日。普會四眾為師薙髮。二月八日。集諸名德授具足戒。西京智光律師為授戒師。蘇州慧靜律師為羯磨。荊州通應律師為教授。中天耆多羅律師為說戒。西國蜜多三藏為證戒。其戒壇乃宋朝求那跋陀羅三藏創建立碑曰。後當有肉身菩薩於此授戒。又梁天監元年。智藥三藏自西竺國航海而來。將彼土菩提樹一株植此壇畔。亦預誌曰。後一百七十年。有肉身菩薩。於此樹下開演上乘度無量眾。真傳佛心印之法主也。師至是祝髮受戒。及與四眾開示單傳之旨。一如昔讖(梁天監元年壬午歲。至唐儀鳳元年丙子得一百七十五年)次年春。師辭眾歸寶林。印宗與緇白送者千餘人。直至曹溪。時荊州通應律師。與學者數百人依師而住。師至曹溪寶林。覩堂宇湫隘不足容眾。欲廣之。遂謁里人陳亞仙曰。老僧欲就檀越

求坐具地。得不。仙曰。和尚坐具幾許闊。祖出坐具示之。亞仙唯然。祖以坐具一展盡罩曹溪四境。四天王現身坐鎮四方。今寺境有天王嶺。因茲而名。仙曰。知和尚法力廣大。但吾高祖墳墓並在此地。他日造塔。幸望存留。餘願盡捨永為寶坊。然此地乃生龍白象來脈。只可平天。不可平地。寺後營建。一依其言。師遊境內山水勝處。輒憩止。遂成蘭若一十三所。今曰華果院。隸籍寺門。其寶林道場。亦先是西國智藥三藏自南海經曹溪口。掬水而飲香美。異之。謂其徒曰。此水與西天之水無別。溪源上必有勝地堪為蘭若。隨流至源上。四顧山水回環。峯巒奇秀。歎曰。宛如西天寶林山也。乃謂曹侯村居民曰。可於此山建一梵剎。一百七十年後。當有無上法寶於此演化。得道者如林。宜號寶林。時韶州牧侯敬中。以其言具表聞奏。上可其請。賜寶林為額。遂成梵宮。落成於梁天監三年。寺殿前有潭一所。龍常出沒其間。觸橈林木。一日現形甚巨。波浪洶湧。雲霧陰翳。徒眾皆懼。師叱之曰。爾只能現大身不能現小身。若為神龍。當能變化以小現大以大現小也。其龍忽沒。俄頃復現小身躍出潭面。師展鉢試之曰。爾且不敢入老僧鉢盂裏。龍乃游揚至前。師以鉢舀之。龍不能動。師持鉢堂上。與龍說法。龍遂蛻骨而去。其骨長可七寸。首尾角足皆具。留傳寺門。師後以土石堙其潭。今殿前左側有鐵塔鎮處是也。

　　師墜腰石鐫龍朔元年盧居士誌八字。此石今存黃梅東禪。又唐王維右丞。為神會大師作祖師記云。師混勞侶積十六載。會印宗講經。因為削髮。又柳宗元刺史。作祖師謚號碑云。師受信具。遯隱南海上十六年。度其可行。乃居曹溪為人師。又張商英丞相。作五祖記云。五祖演化於黃梅縣之東禪院。蓋其便於將母。龍朔元年。以衣法付六祖已。散眾入東山結庵。有居人憑茂。以山施師為道場焉。以此考之。則師至黃梅傳受五祖衣法。實龍朔元年辛酉歲。至儀鳳丙子。得一十六年。師方至法性祝髮。他本或作師咸亨中至黃梅。恐非。

歷朝崇奉事蹟

唐憲宗皇帝。謚大師曰大鑒禪師。

宋太宗皇帝。加謚大鑒真空禪師。詔新師塔曰太平興國之塔。

宋仁宗皇帝。天聖十年迎師真身及衣鉢。入大內供養。加謚大鑒真空普覺禪師。

宋神宗皇帝。加謚大鑒真空普覺圓明禪師。具見晏元獻公碑記。

賜謚大鑒禪師碑(柳宗元撰)

　　扶風公廉問。嶺南三年以佛氏第六祖。未有稱號。疏聞于上。詔謚大鑒禪師。塔曰靈照之塔。元和十年十月十三日。下尚書祠部符到都府。公命部吏洎州司功掾。告于其祠。幢蓋鍾鼓增山盈谷。萬人咸會。若聞鬼神。其時學者千有餘人。莫不欣踴奮厲。如師復生。則又感悼涕慕。如師始亡。因言曰。自有生物。則好鬭奪相賊殺喪其本實。誖乖淫流。莫克返于初。孔子無大位。沒以餘言持世。更楊墨黃老益雜其術分

裂而吾浮圖說後出。推離還源合。所謂生而靜者。梁氏好作有為。師達磨譏之。空術益顯。六傳至大鑒。大鑒始以能勞苦服役。一聽其言。言希以究。師用感動。遂受信具。遯隱南海上。人無聞知。又十六年。度其可行。乃居曹溪為人師。會學者來。甞數千人。其道以無為為有。以空洞為實。以廣大不蕩為歸。其教人始以性善。終以性善不假耘鋤。本其靜矣。中宗聞名。使幸臣再徵不能致。取其言以為心術。其說具在。今布天下。凡言禪皆本曹溪。大鑒去世百有六年。凡治廣部。而以名聞者以十數。莫能揭其號。乃今始告天子得大諡。豐佐吾道。其可無辭。公始立朝。以儒重刺虔州都護安南。由海中大蠻夷。連身毒之西。浮舶聽命。咸被公德。受旂纛節戟。來蒞南海。屬國如林。不殺不怒。人畏無噩。允克光于有仁。昭列大鑒莫如公。宜其徒之老。乃易石于宇下。使來謁辭。其辭曰。

達摩乾乾傳佛語心。六承其授大鑒是臨。勞勤專默終挹于深。抱其信器行海之陰。其道爰施在溪之曹。厖合猥附不夷其高。傳告咸陳惟道之褒。生而性善在物而具。荒流奔軼乃萬其趣。匪思愈亂匪覺滋誤。由師內鑒咸獲于素。不植乎根不耘乎苗。中一外融有粹孔昭。在帝中宗聘言于朝。陰翊王度俾人逍遙。越百有六祀。號諡不紀。由扶風公。告今天子。尚書既復大行乃誄光于南土。其法再起。厥徒萬億。同悼齊喜。惟師化所被洎扶風。公所履咸戴天子。天子休命。嘉公德美。溢于海夷。浮圖是視。師以仁傳。公以仁理。謁辭圖堅。永胤不已。

大鑒禪師碑(并佛衣銘俱劉禹錫撰)

元和十年某月日。詔書追褒曹溪第六祖能公。諡曰大鑒。實廣州牧馬總以疏聞。繇是可其奏。尚道以尊名。同歸善善。不隔異教。一字之褒。華夷孔懷。得其所故也。馬公敬其事且謹。始以垂後。遂咨於文雄。今柳州刺史河東柳君為前碑。後三年有僧道琳。率其徒由曹溪來。且曰。願立第二碑。學者志也。維如來滅後。中五百歲。而摩騰竺法蘭。以經來華。人始聞其言。猶夫重昏之見曶爽。後五百歲。而達摩以法來華。人始傳其心。猶夫昧旦之覩白日。自達摩六傳至大鑒。如貫意珠。有先後而無同異。世之言真宗者。所謂頓門。初達摩與佛衣俱來。得道傳付以為真印。至大鑒置而不傳。豈以是為筌蹄邪芻狗邪。將人人之莫已若而不若置之邪。吾不得而知也。按大鑒生新州。三十出家。四十七年而沒。百有六年而諡。始自蘄之東山。從第五師得授記以歸。中宗使中貴人再徵不奉詔。第以言為貢上。敬行之。銘曰。

至人之生無有種類。同人者形出人者智。蠢蠢南裔降生傑異。父乾母坤獨肖元氣。一言頓悟不踐初地。五師相承授以寶器。宴坐曹溪世號南宗。學徒爰來如水之東。飲以妙藥差其瘖聾。詔不能致許為法雄。去佛日遠群言積億。著空執有各走其域。我立真筌揭起南國。無修而修無得而得。能使學者還其天識。如黑而迷仰目斗極。得之自然竟不可傳。口傳手付則礙於有。留衣空堂得者天授。

佛衣銘(并引)

吾既為僧琳撰曹溪第二碑。且思所以辯六祖置衣不傳之旨。作佛衣銘曰。

佛言不行佛衣乃爭。忽近貴遠古今常情。尼父之生土無一里。夢奠之後履存千祀。惟昔有梁如象之狂。達摩救世來為醫王。以言不痊因物乃遷。如執符節行乎復關。民不知官望車而畏。俗不知佛得衣為貴。壞色之衣道不在茲。由之信道所以為寶。六祖未彰其出也微。既還狼荒憬俗蚩蚩。不有信器眾生曷歸。是開便門非止傳衣。初必有終傳豈無已。物必歸盡衣胡久恃。先終知終用乃不窮。我道不朽衣於何有。其用已陳孰非芻狗。

師入塔後。至開元十年壬戌八月三日。夜半忽聞塔中如拽鐵索聲。眾僧驚起見一孝子從塔中走出。尋見師頸有傷。具以賊事聞于州縣。縣令楊侃刺史柳無忝。得牒切加擒捉。五日於石角村捕得賊人。送韶州。鞫問。云姓張名淨滿。汝州梁縣人。於洪州開元寺。受新羅僧金大悲錢二十千。令取六祖大師首。歸海東供養。柳守聞狀。未即加刑。乃躬至曹溪。問師上足令韜曰。如何處斷。韜曰。若以國法論。理須誅夷。但以佛教慈悲冤親平等。況彼求欲供養。罪可恕矣。柳守加歎曰。始知佛門廣大。遂赦之。上元元年。肅宗遣使。就請師衣鉢歸內供養。至永泰元年五月五日。代宗夢六祖大師請衣鉢。七日勅刺史楊緘云。朕夢感能禪師請傳衣袈裟却歸曹溪。今遣鎮國大將軍劉崇景。頂戴而送。朕謂之國寶。卿可於本寺如法安置。專令僧眾親承宗旨者嚴加守護。勿令遺墜。後或為人偷竊。皆不遠而獲。如是者數四。憲宗諡大鑒禪師。塔曰元和靈照。其餘事蹟。係載唐尚書王維刺史柳宗元刺史劉禹錫等碑。守塔沙門令韜錄。

跋

六祖大師平昔所說之法。皆大乘圓頓之旨。故目之曰經。其言近指遠。詞坦義明。誦者各有所獲。明教嵩公常讚云。天機利者得其深。天機鈍者得其淺。誠哉言也。余初入道。有感於斯。續見三本不同。互有得失。其板亦已漫滅。因取其本校讎。訛者正之。略者詳之。復增入弟子請益機緣。庶幾學者得盡曹溪之旨。按察使雲公從龍。深造此道。一日過山房睹余所編。謂得壇經之大全。慨然命工鋟梓。顒為流通。使曹溪一派不至斷絕。或曰。達磨不立文字。直指人心見性成佛。盧祖六葉正傳。又安用是文字哉。余曰。此經非文字也。達磨單傳直指之指也。南嶽青原諸大老。嘗因是指以明其心。復以之明馬祖石頭諸子之心。今之禪宗流布天下。皆本是指。而今而後。豈無因是指。而明心見性者耶。問者唯唯再拜謝曰。予不敏。請併書于經末以詔來者。至元辛卯夏。南海釋宗寶跋。

附錄(終)

조계법손曹溪法孫
보리달마선원菩提達磨禪院 안내

21세기는 글로벌라이제이션의 의미를 실감하게 하는 시대입니다. 국내에도 정치, 경제, 사회, 문화, 각 분야에 빠르고 많은 변화가 일어나고 있고 또 앞으로도 일어날 것입니다. 과거를 뒤돌아볼 틈도 없음은 물론 현재, 바로 코 앞에 있는 미래의 일들도 예측하기 힘들 정도입니다.

보리달마선원(원장 無說一默선사)은 사회의 많은 분야 중에서도 본인과 온 가족, 나아가서 인류의 건강한 삶과 활력을 유지하는 일에 주된 관심을 갖고 출발했습니다.
보리달마선원은 건강한 정신과 육체를 가꾸는 일을 몸소 실천함과 동시에 더 많은 분들에게 숭고한 뜻을 전파하겠다는 의지를 갖고 있다는 것을 우선 말씀 드립니다.
보리달마선원은 건강 생활관련 분야의 오프라인 강좌를 개설함은 물론 온라인 강좌를 유효 적절한 연계성을 확보하여 모든 이들에게 항상 새로운 삶을 제공할 것입니다.

보리달마선원은
첫째, 건강하고 복된 삶을 기대하는 모든 분들에게 충실한 도움을 드릴 수 있도록 노력하며,
둘째, 누구보다도 빨리 바라는 이상을 이룰 수 있도록 최선을 다하며,
셋째, 믿음과 상생의 정신으로 회원은 물론 온 인류에게 젊음과 행복, 그리고 사랑을 나눌 수 있도록 진력하겠습니다.
이를 위해 보리달마선원은 수련예절과 교리공부를 비롯해 화두참선수행과 36도통호흡법, 다선(茶禪) 명상법, 양가태극권과 소림무술 등 몸과 마음의 치유를 통해 나를 찾는 다양한 여정을 마련할 것입니다

달마선원 오시는 길

서울특별시 종로구 인사동길58
(관훈동 121번지) 진흥빌딩 3층 301호

전화 : 02-739-7637 / 팩스 : 02-739-7638
안국역 6번출구 100m
종각역 3번출구 500m

달마선원
1층 원주한지
나락실

조계사

종로
경찰서

인사동거리

안국역
6번출구

운현궁

탑골공원

종로3가

종각역
3번출구